Fleurs d'exception

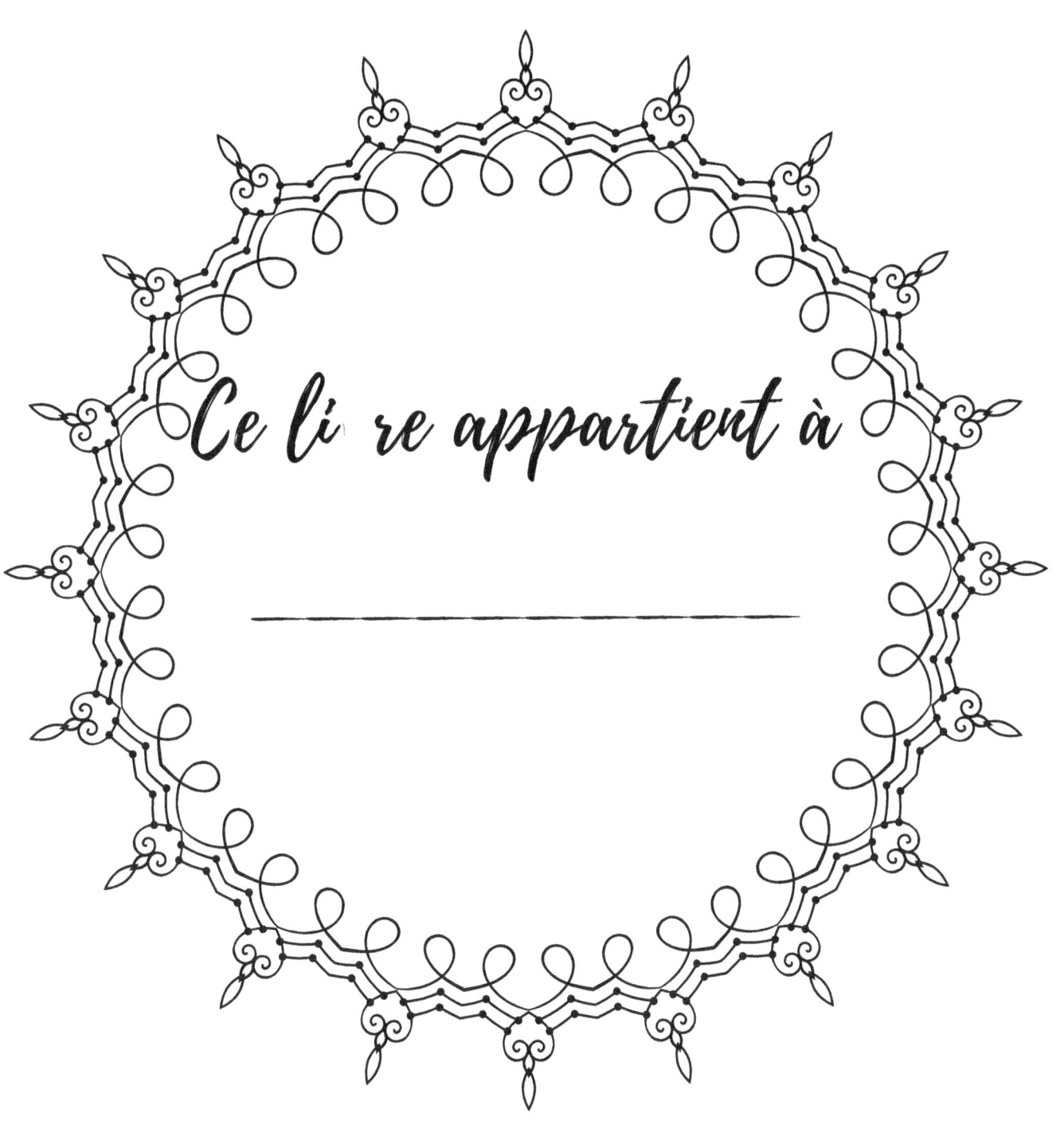

Ce livre appartient à

_____

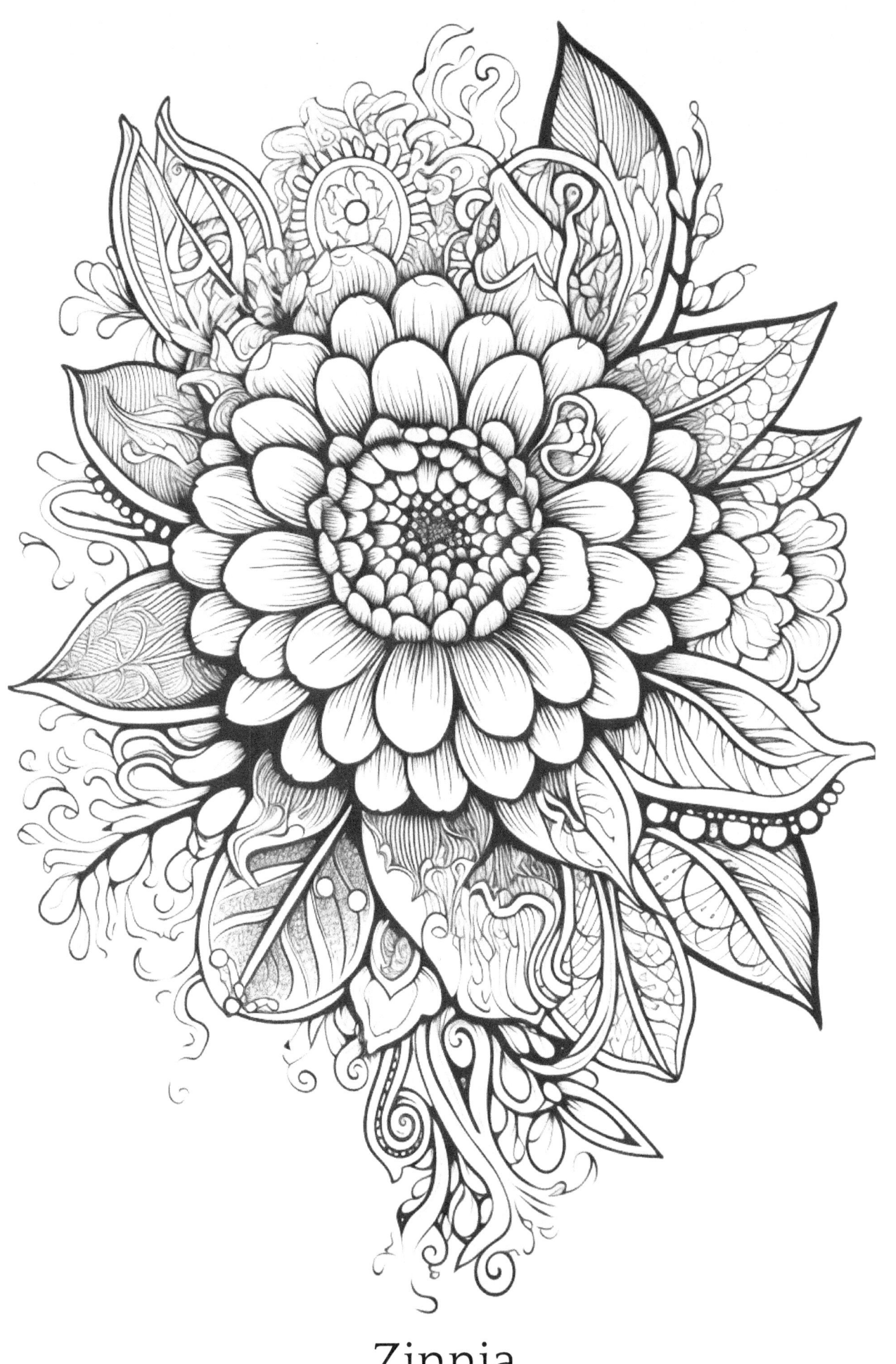

Zinnia

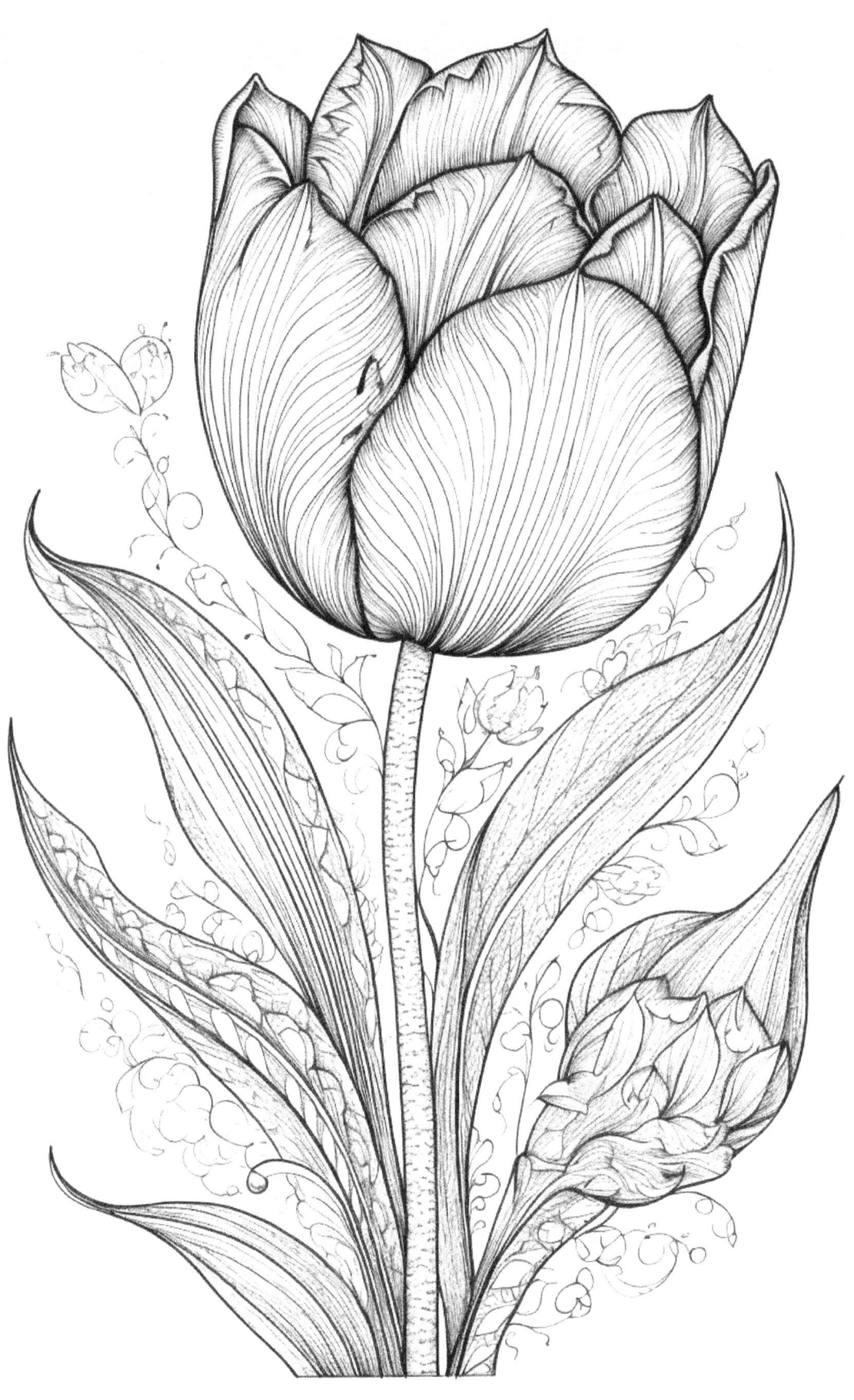

Tulipe

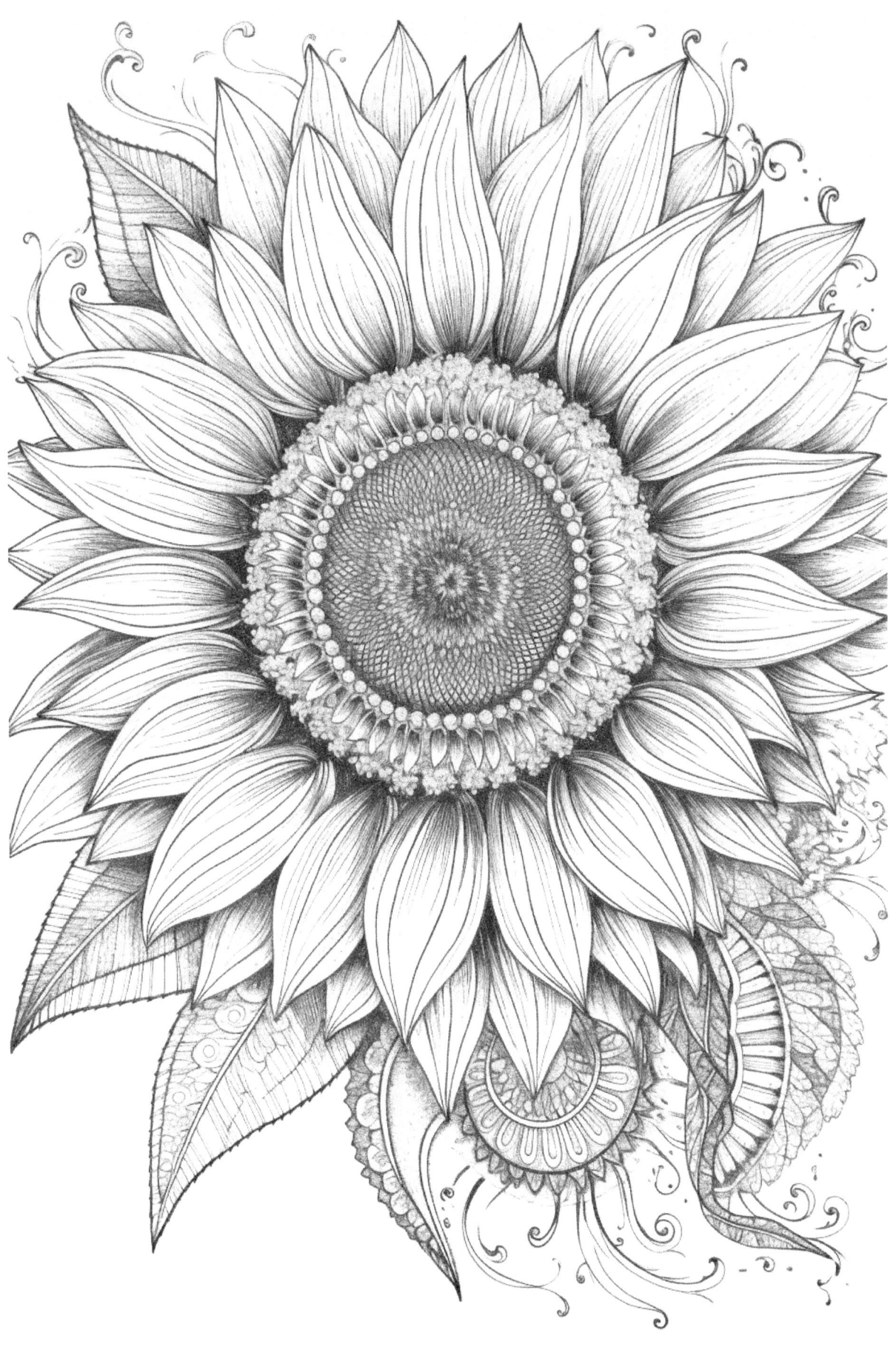

Tournesol

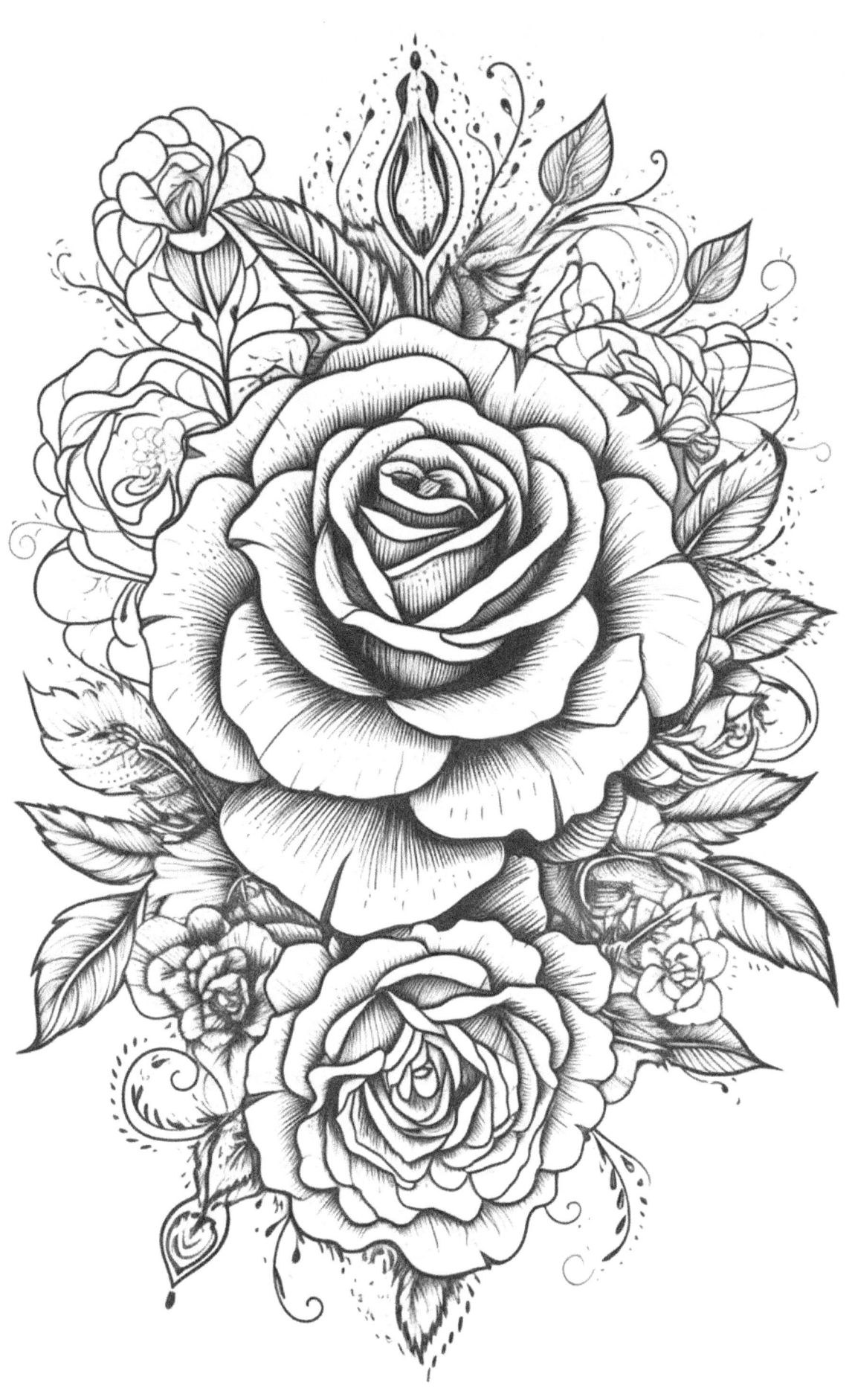

Rose

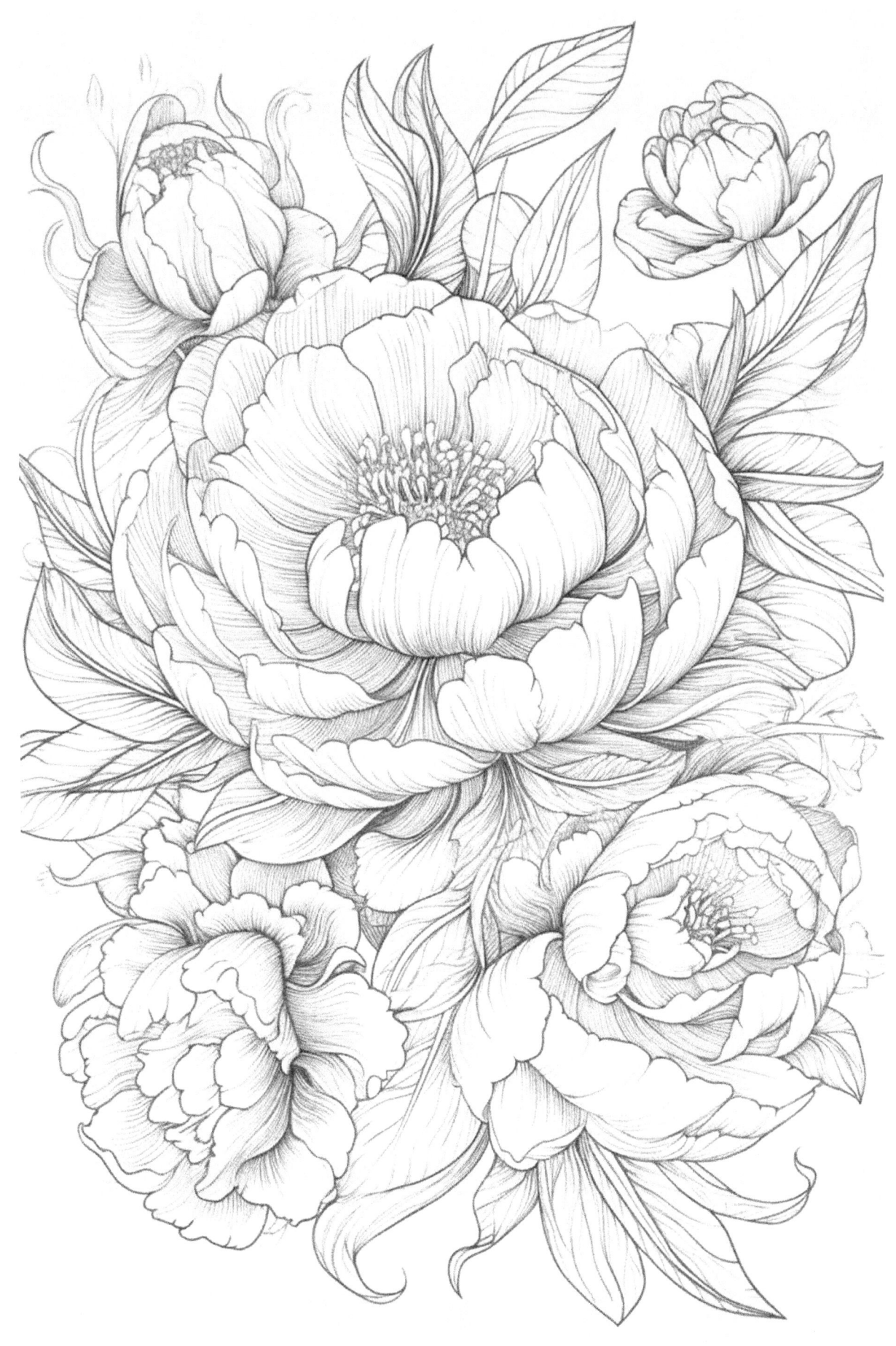

Pivoines

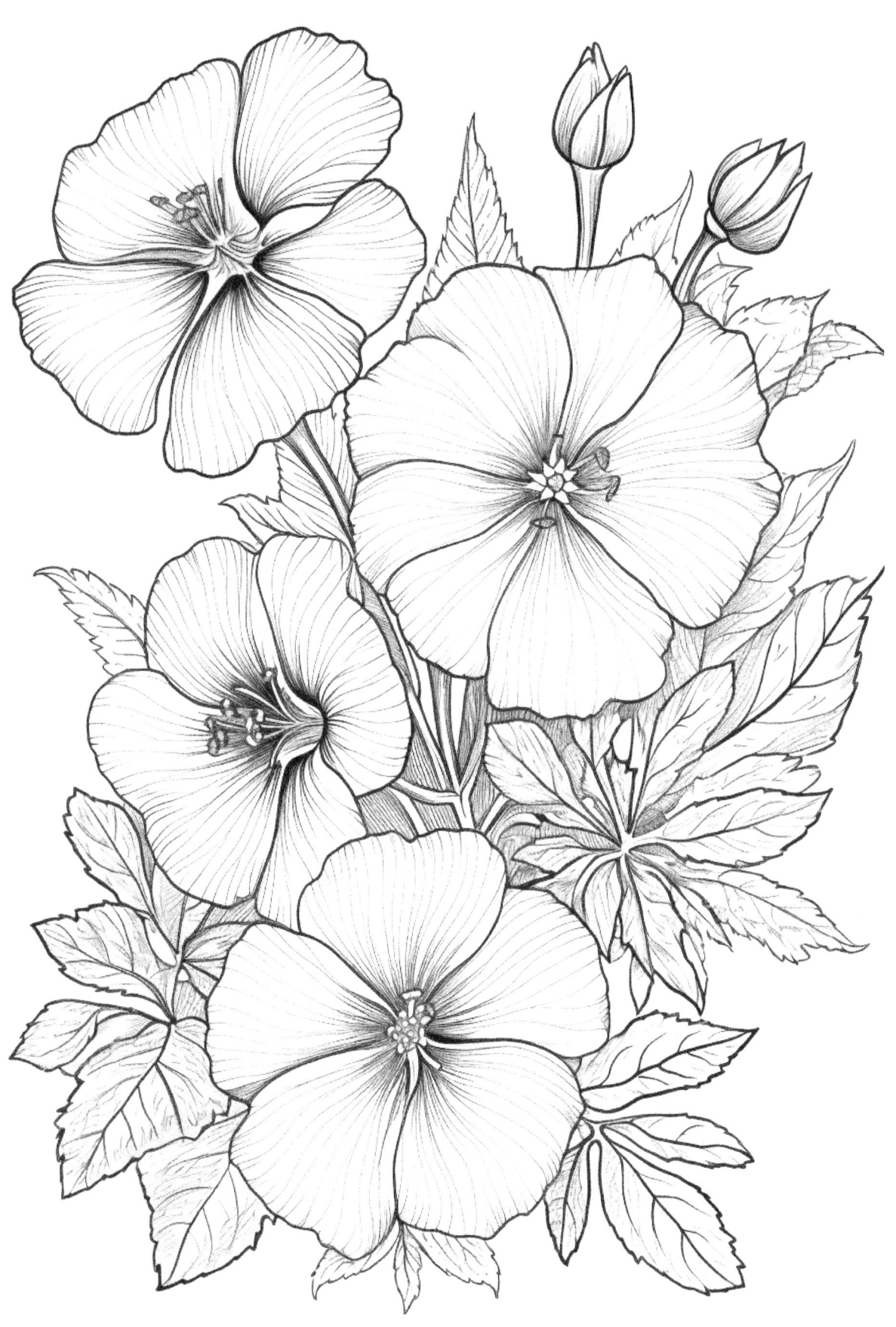

Petunia

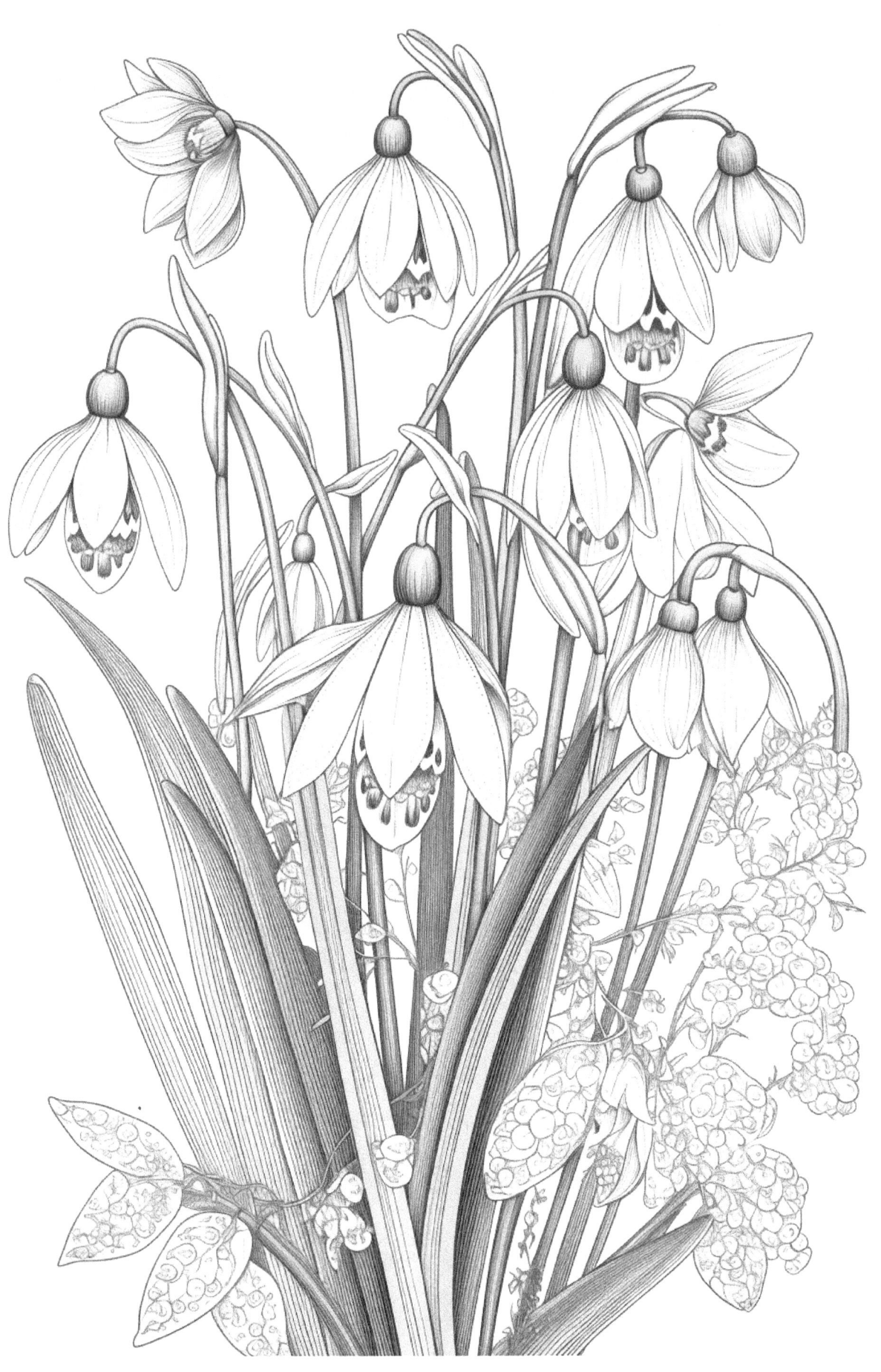

Perce-neige

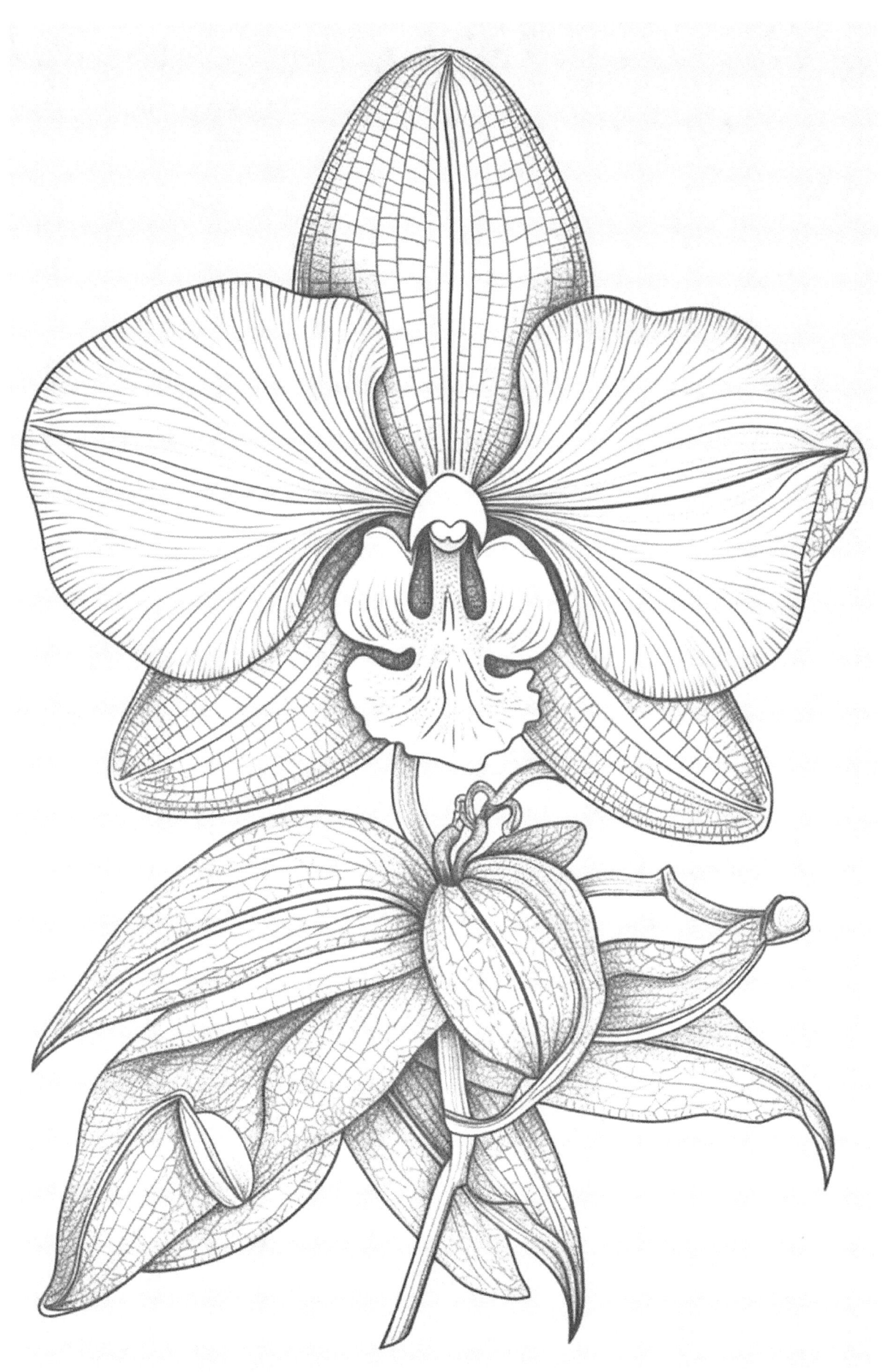

Orchidée

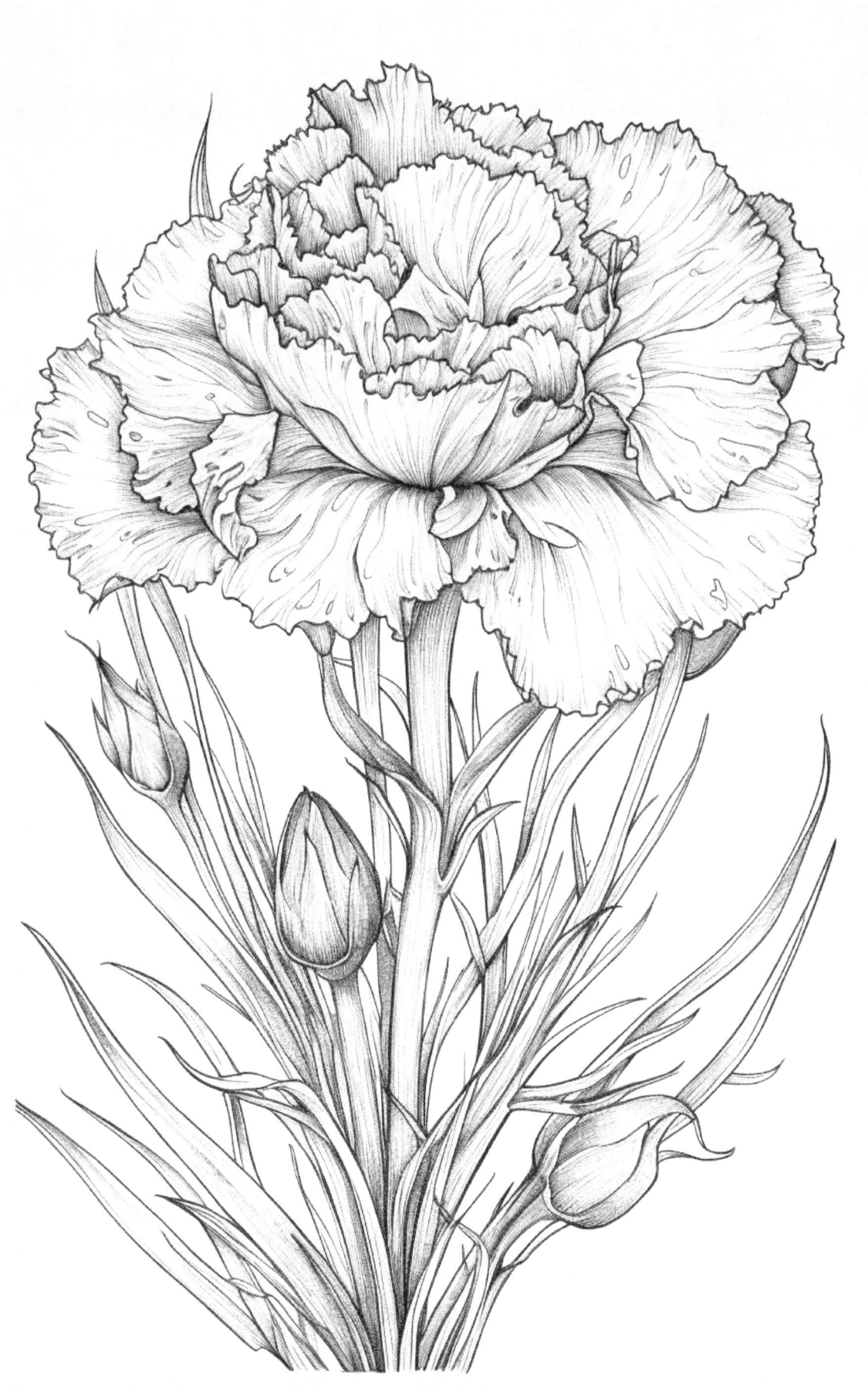

Oeillet

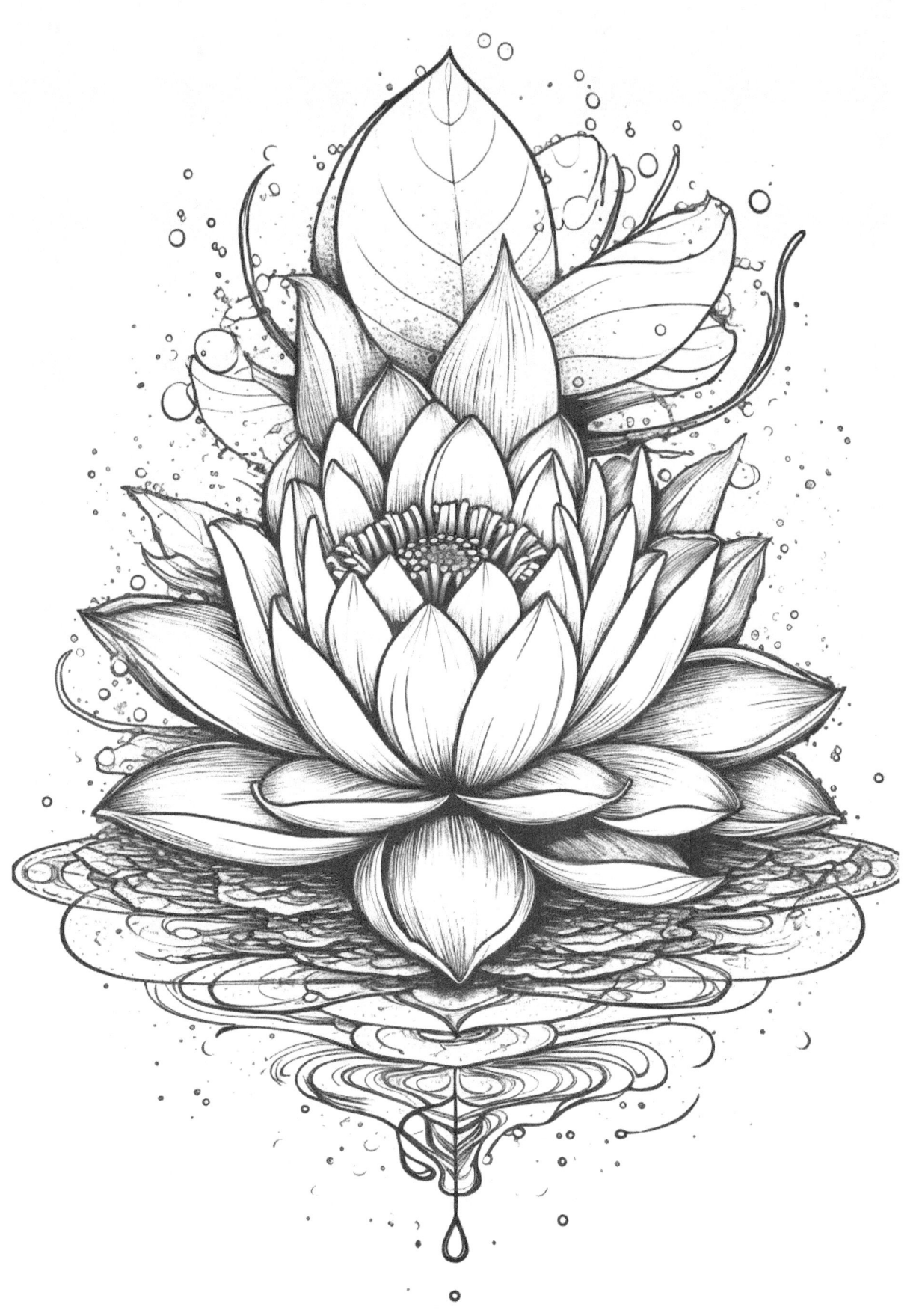

Nénuphar

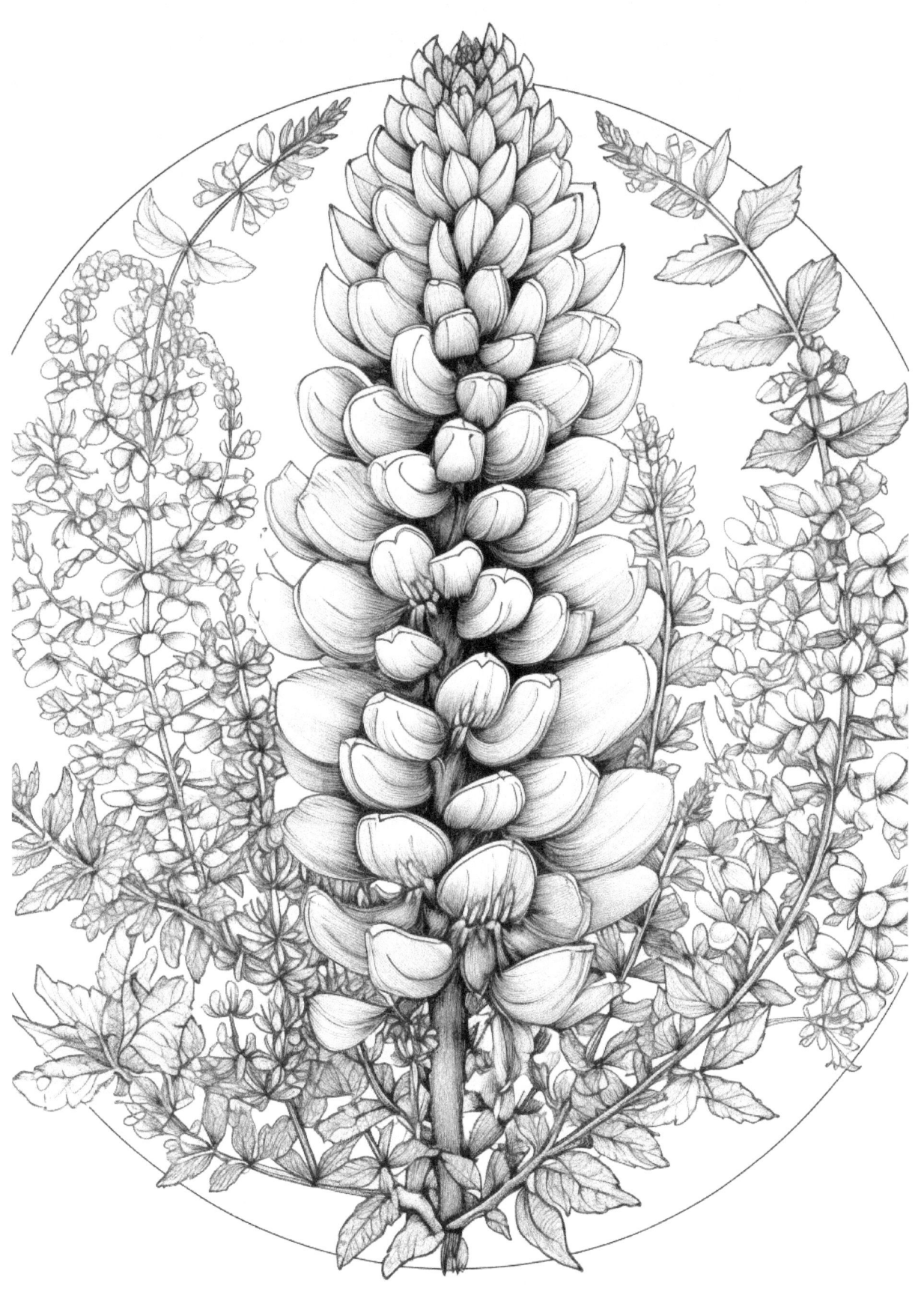

Lupin

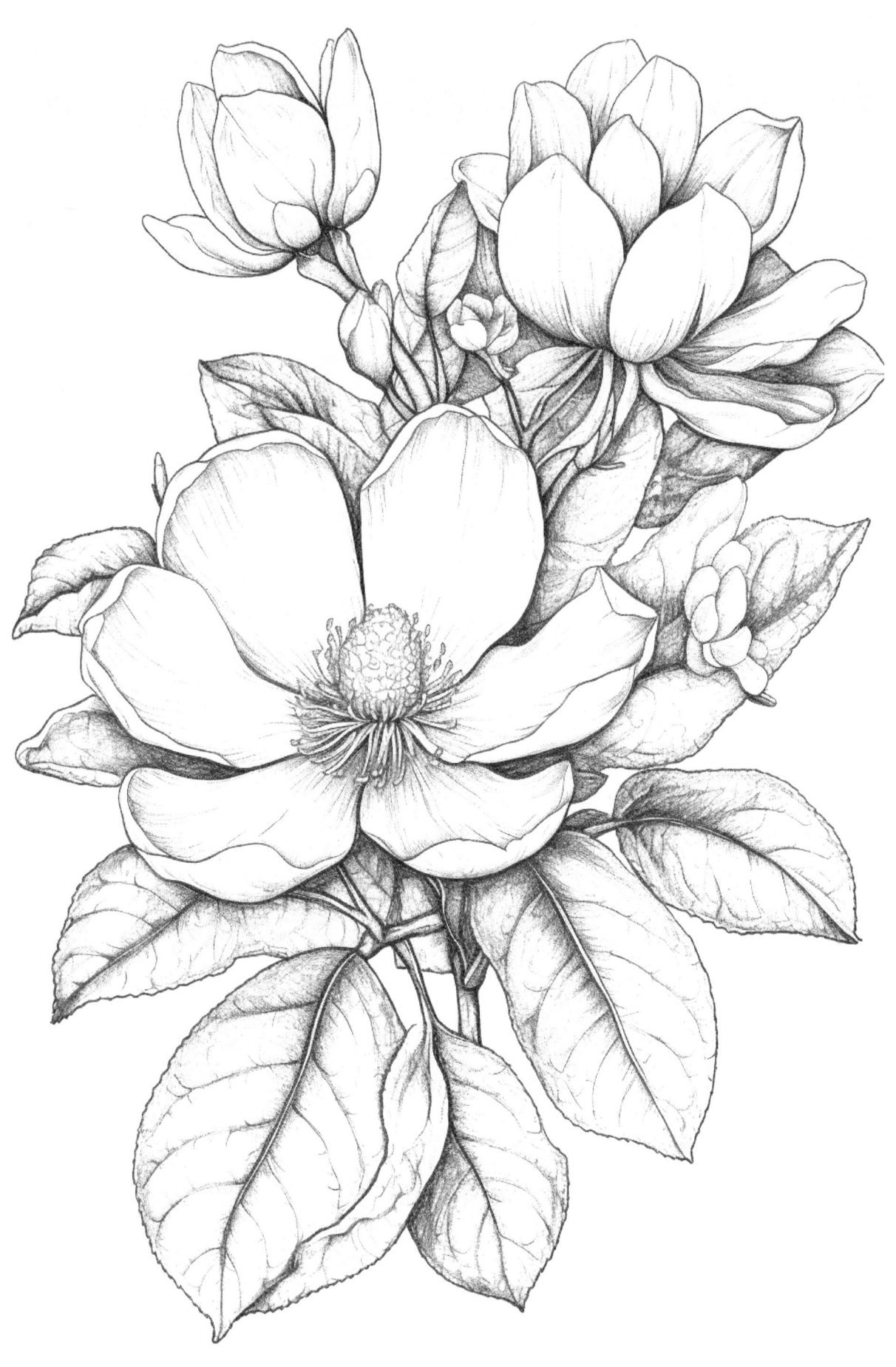

Magnolia

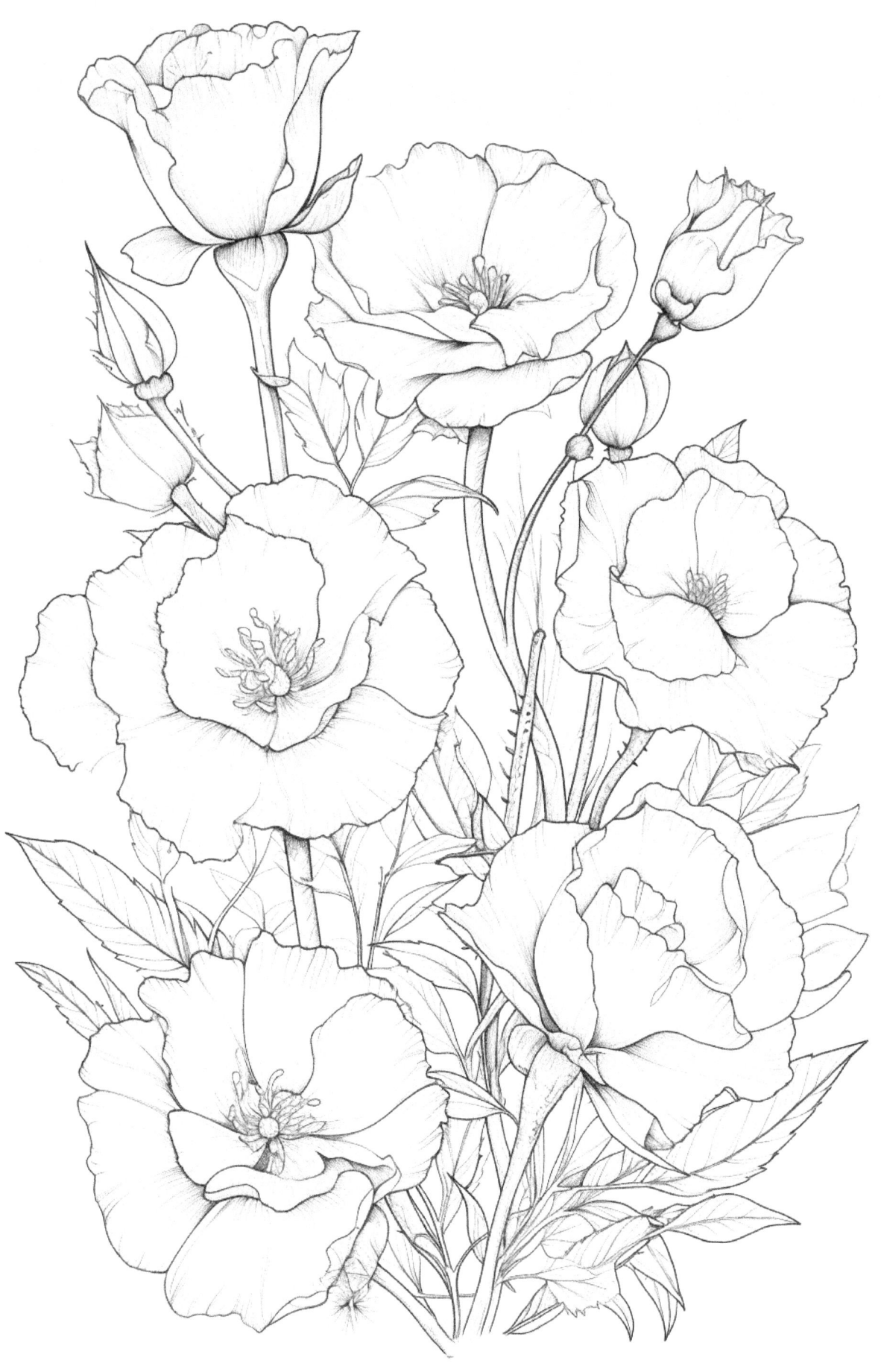

Lisainthus

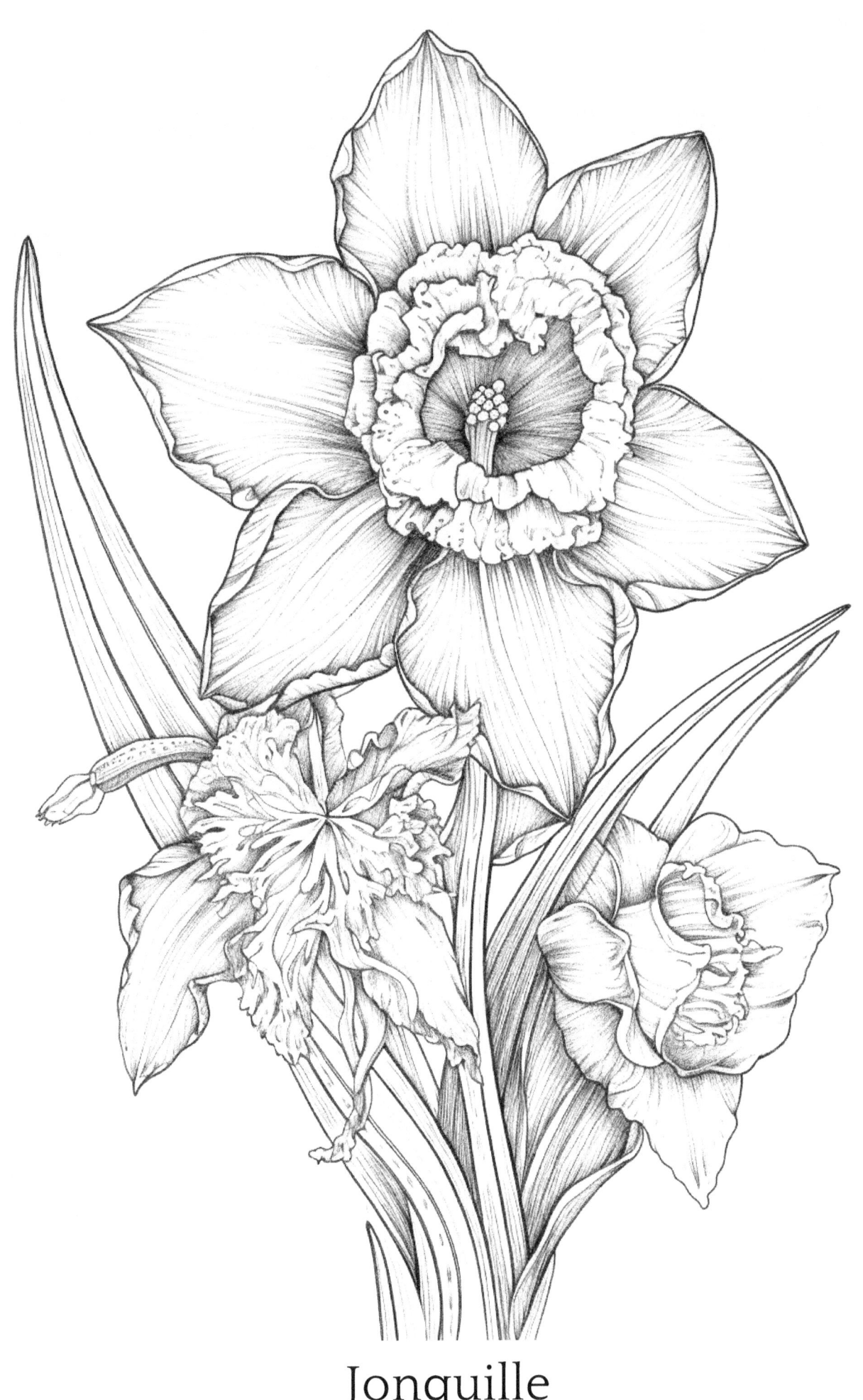

Jonquille

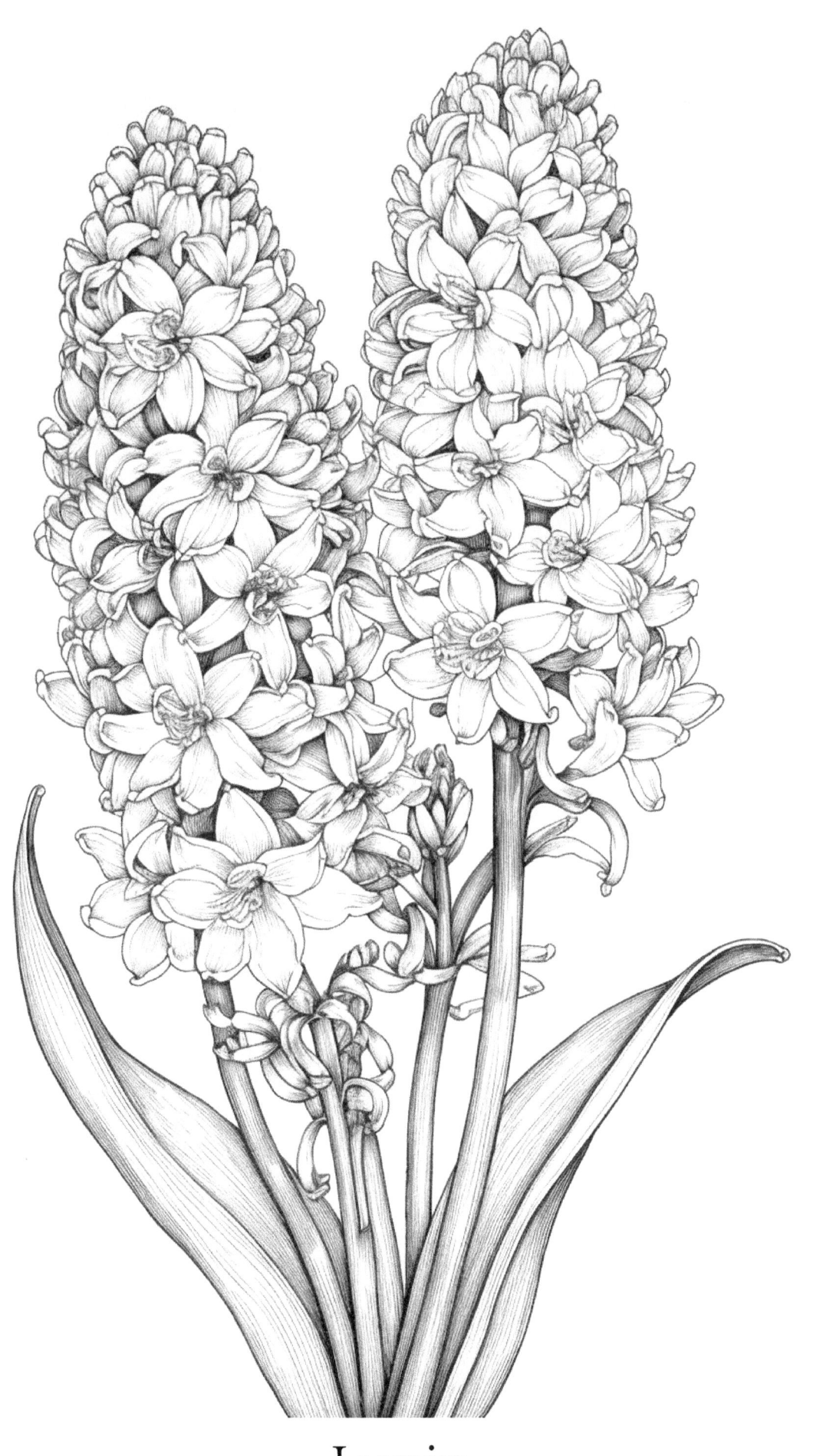

Lupin

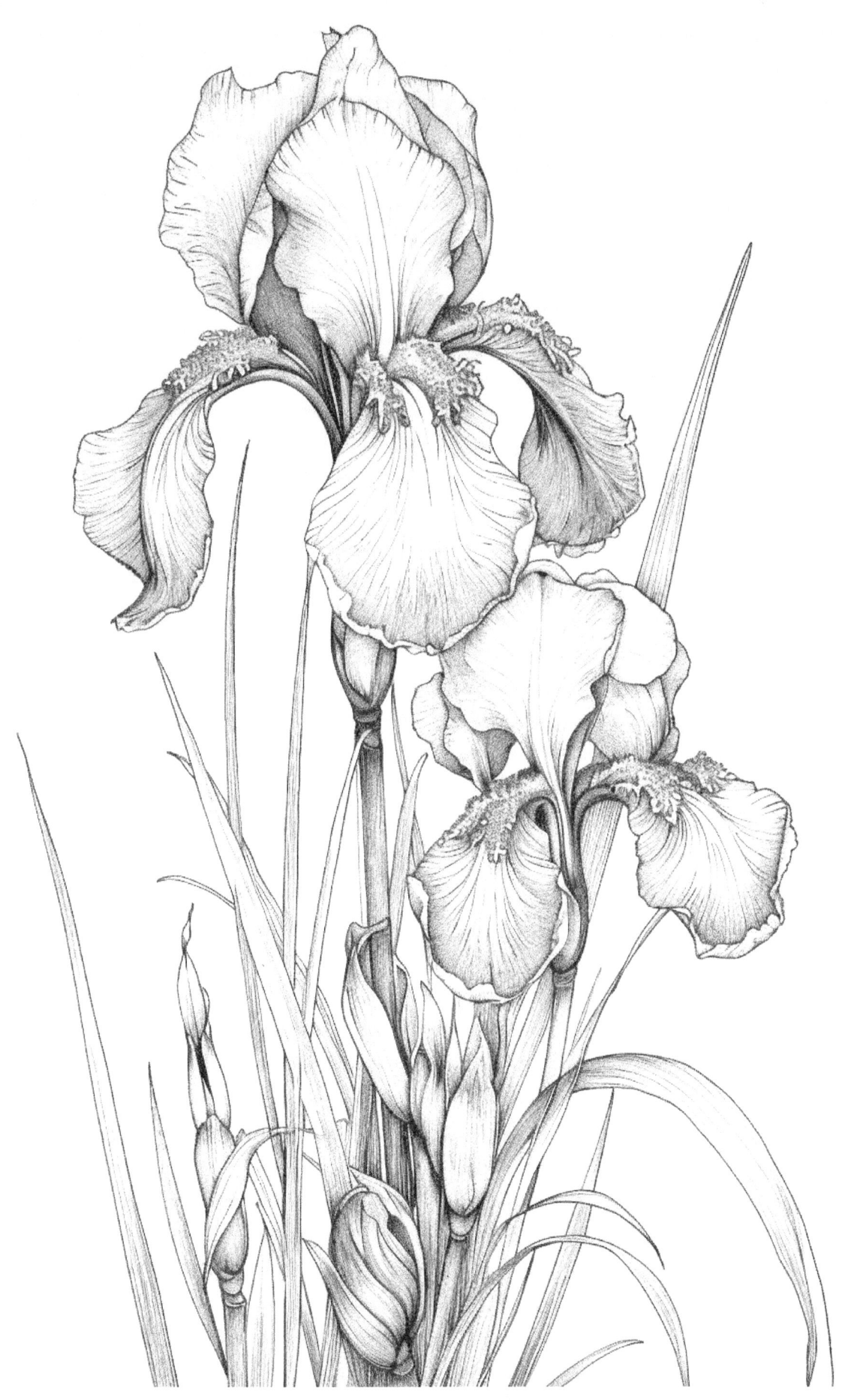

Iris

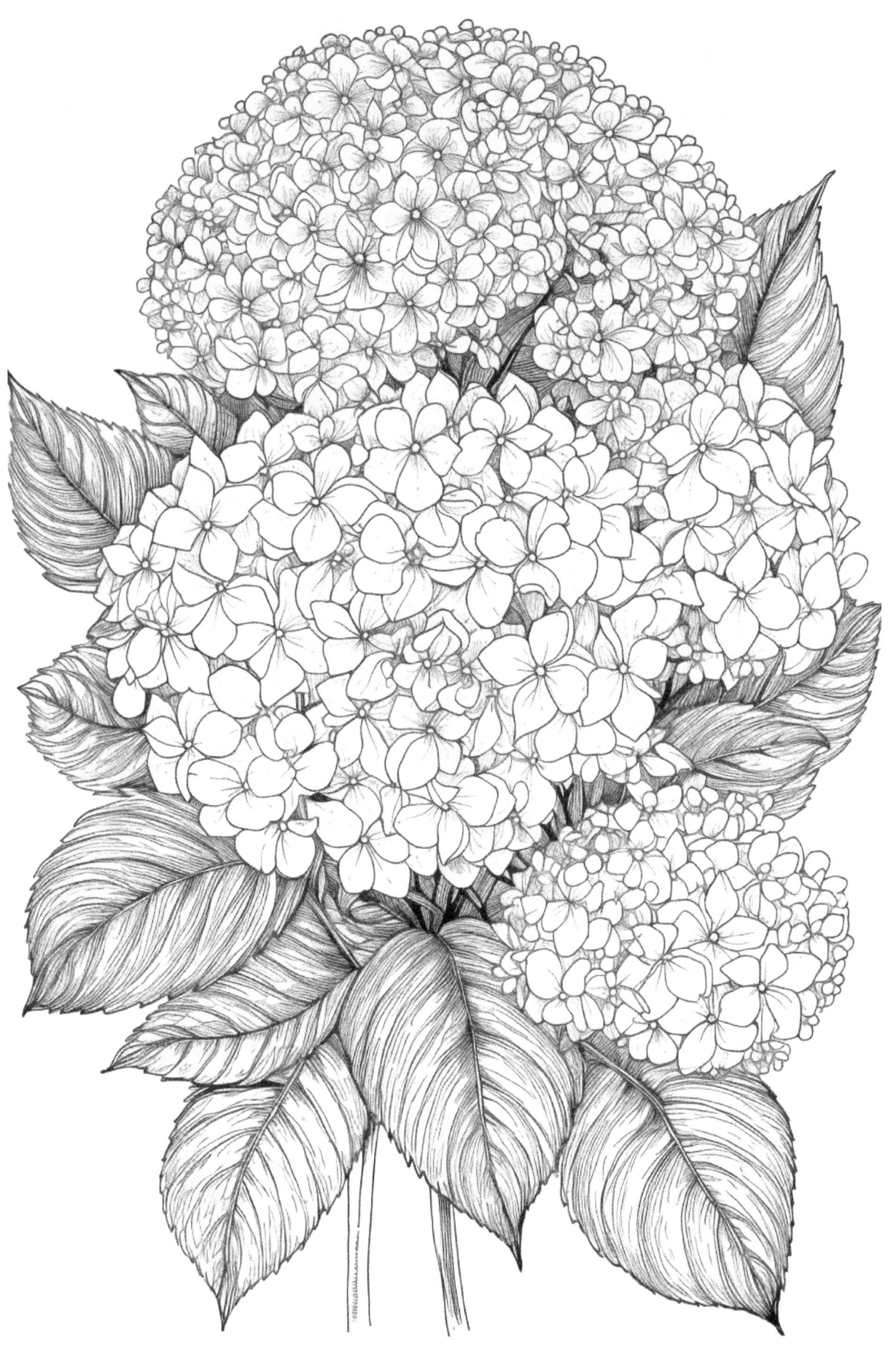

Hortensia

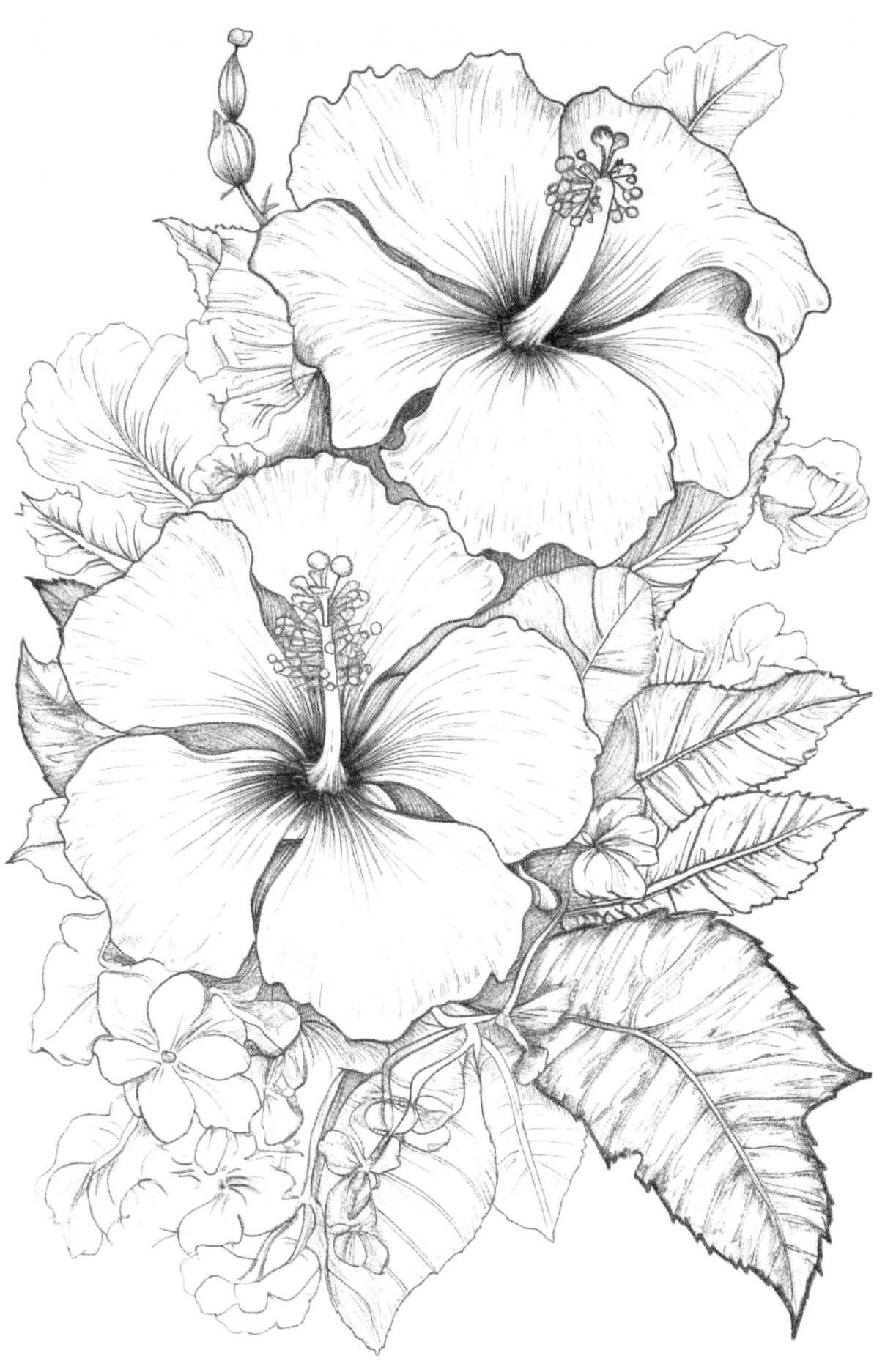

Hibiscus

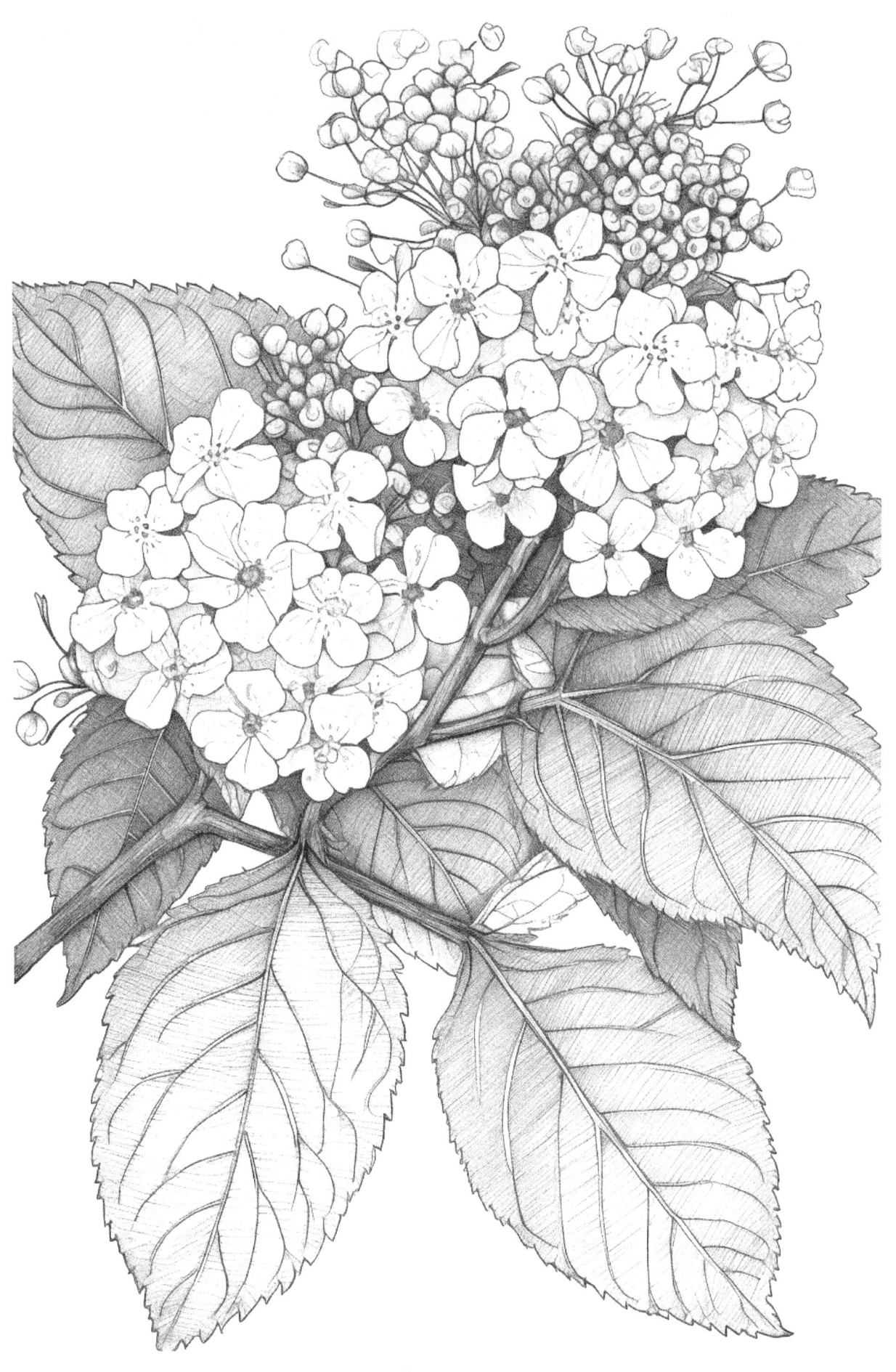

Héliotrope

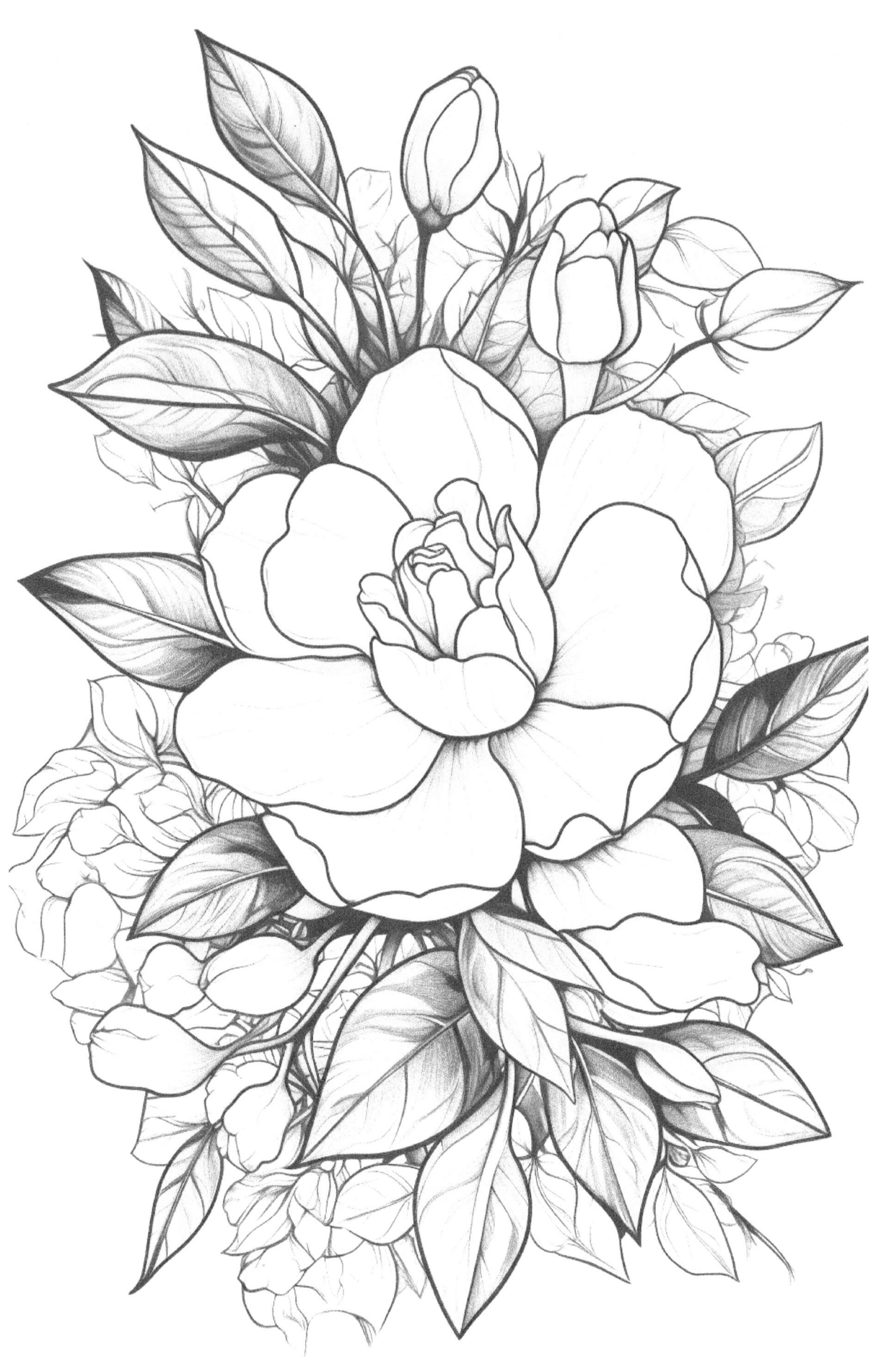

Gardenia

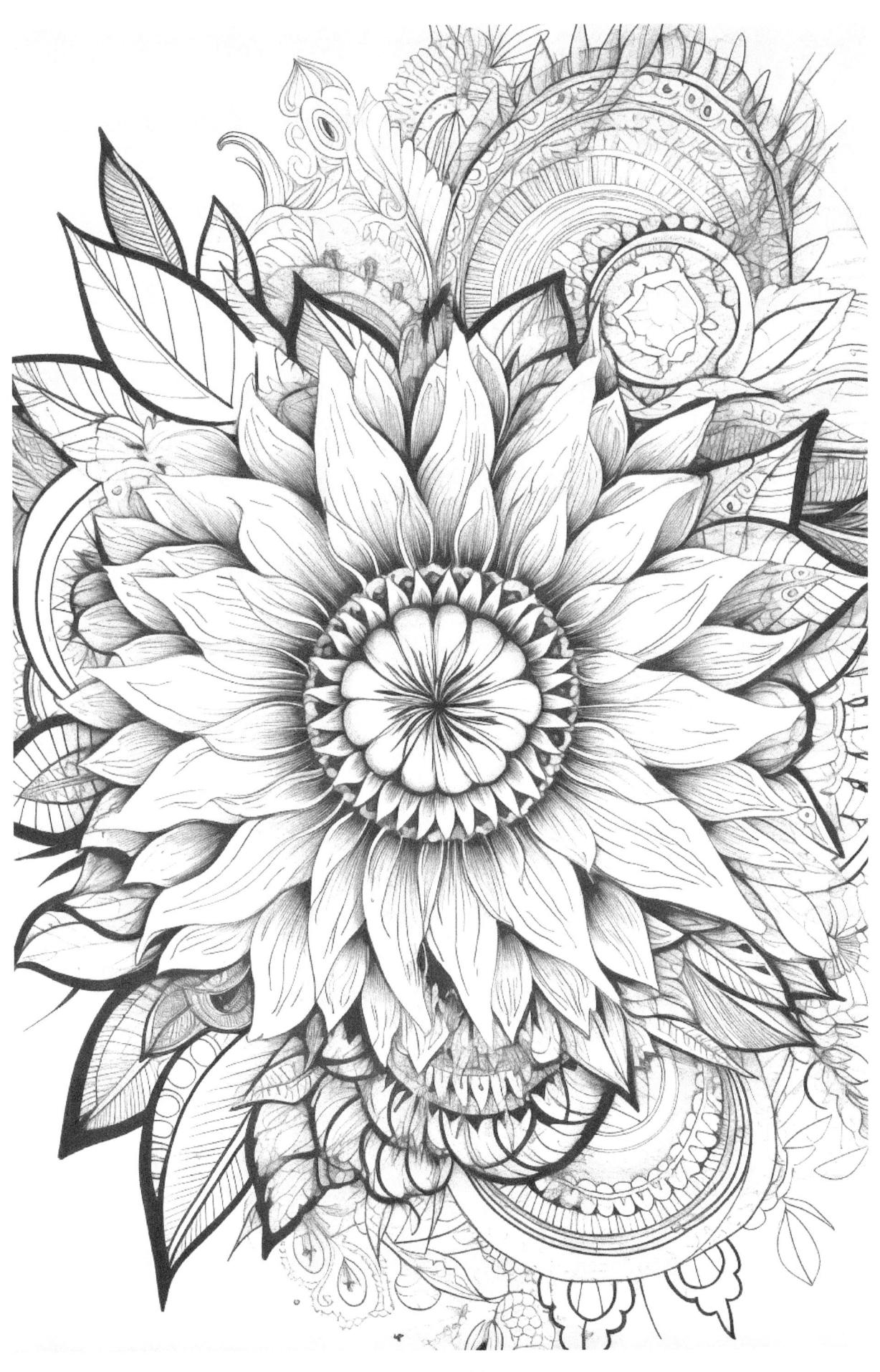

Passiflore

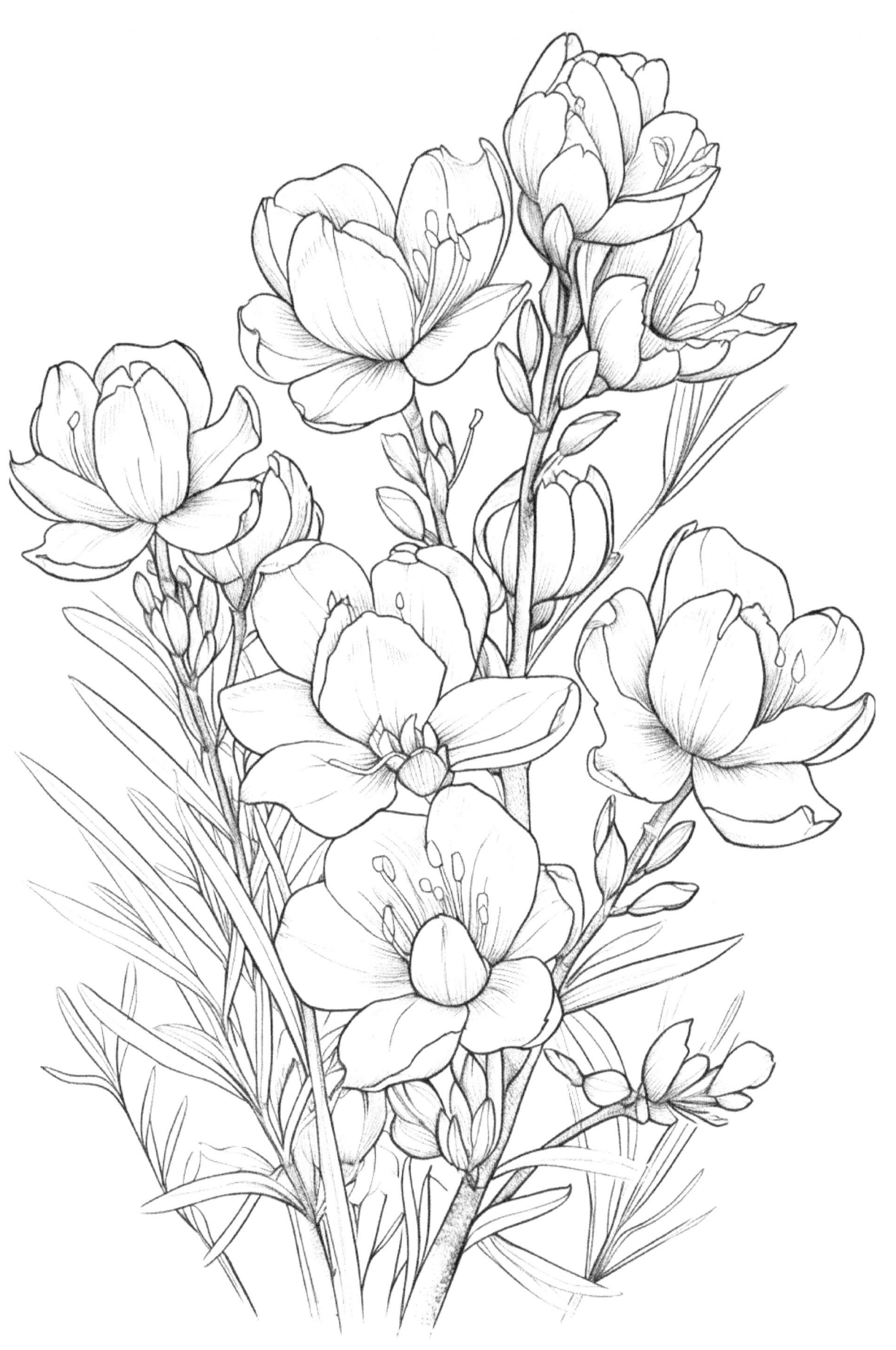

Freesia

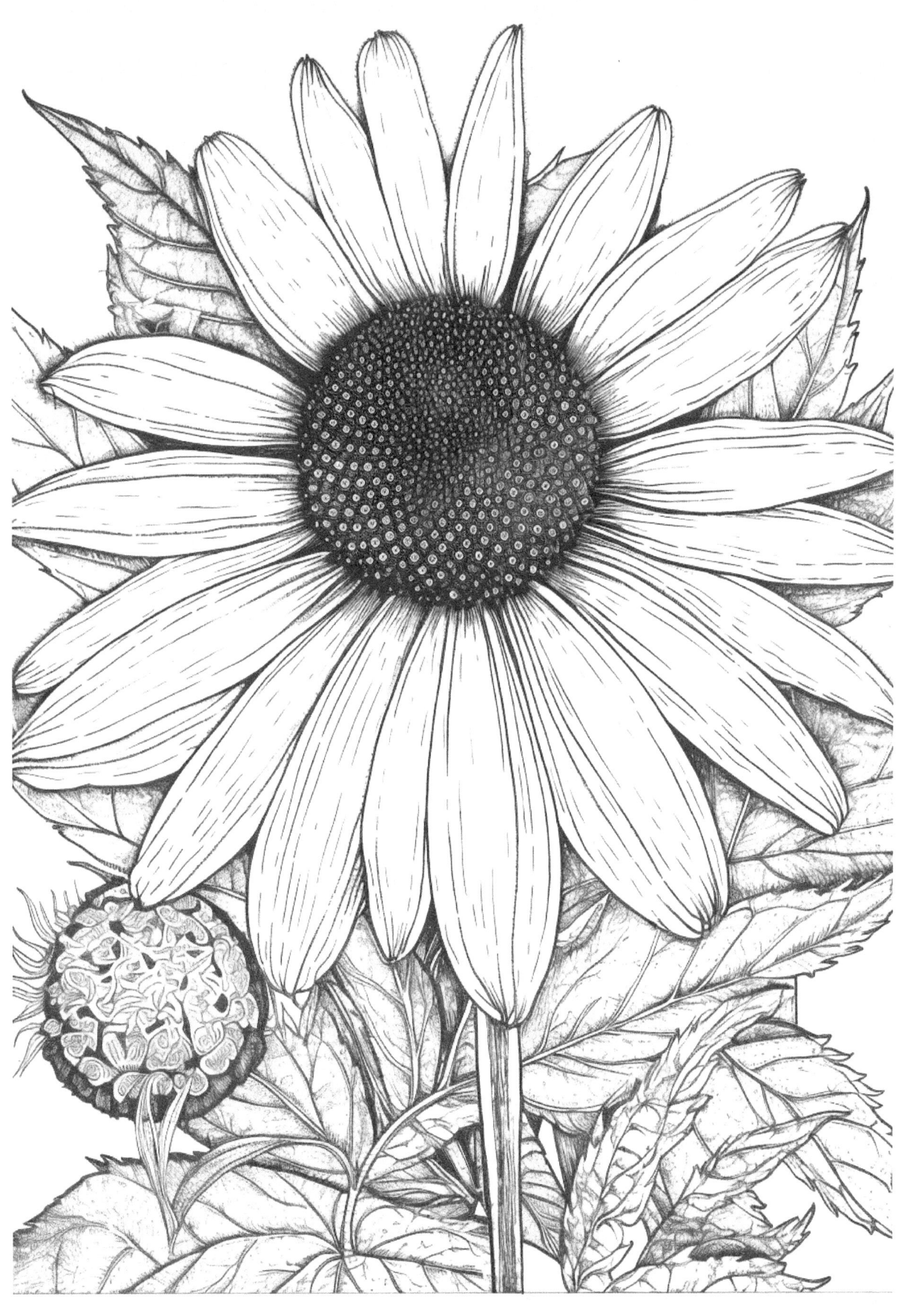

Echinacée

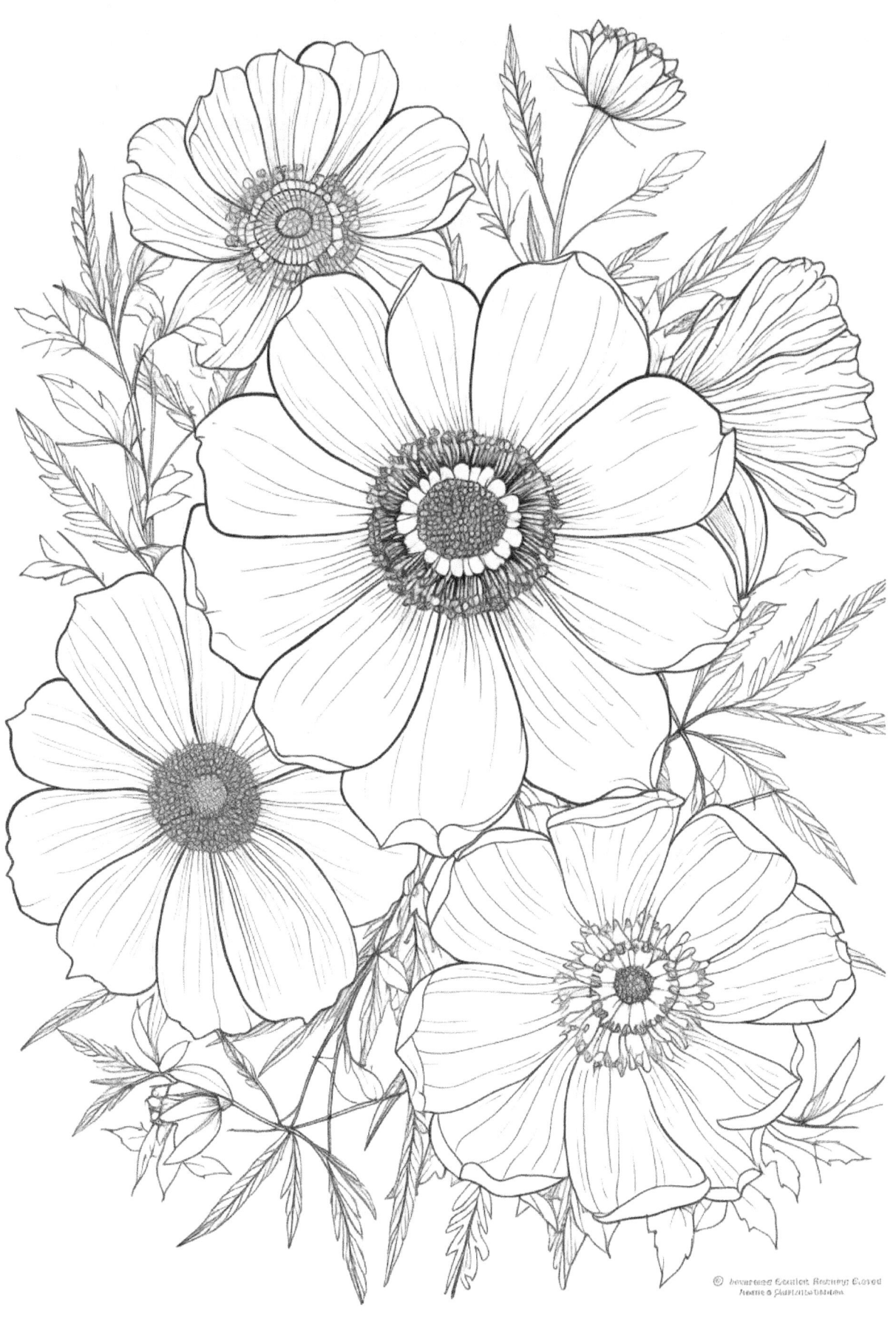

Cosmos

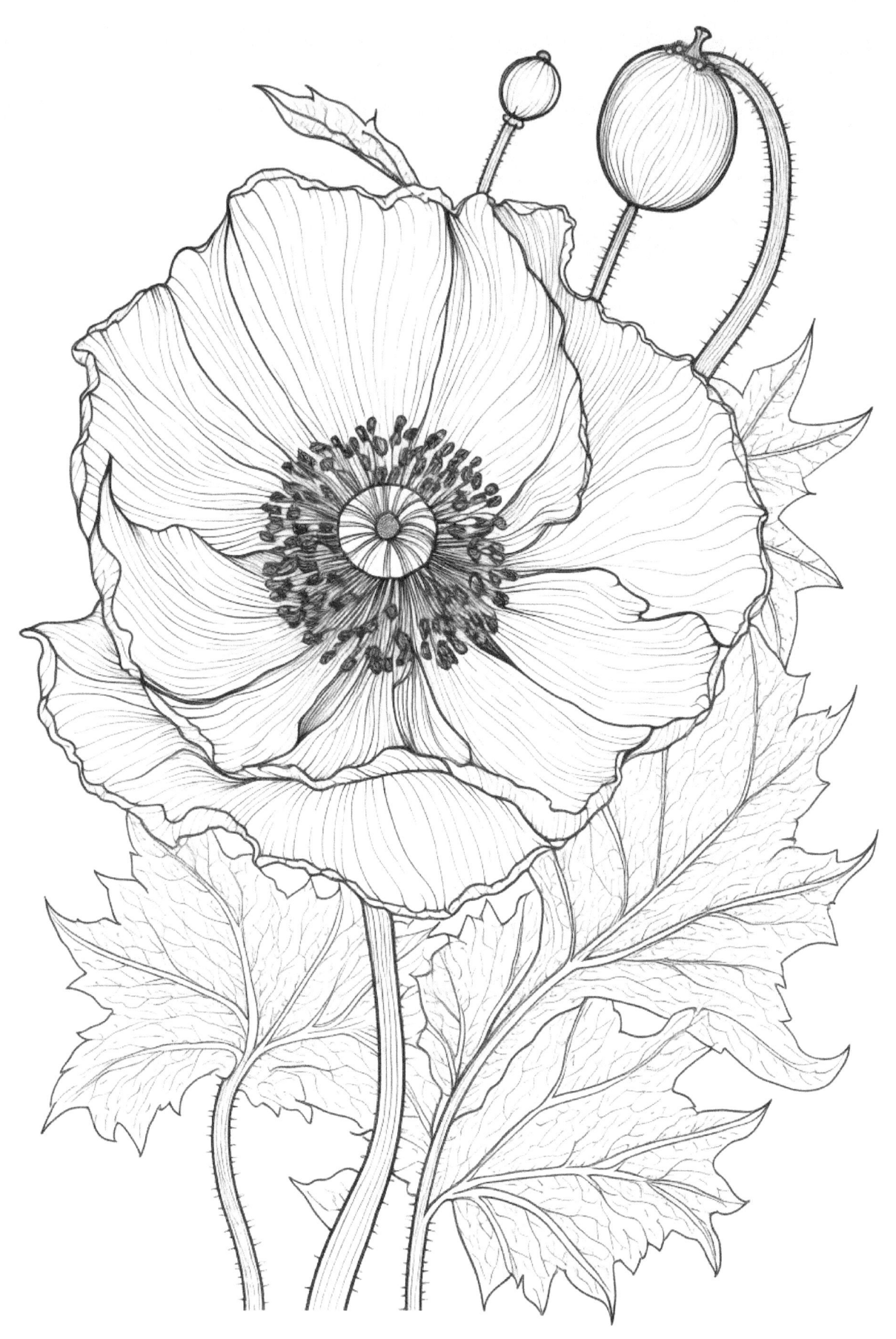

Coquelicot

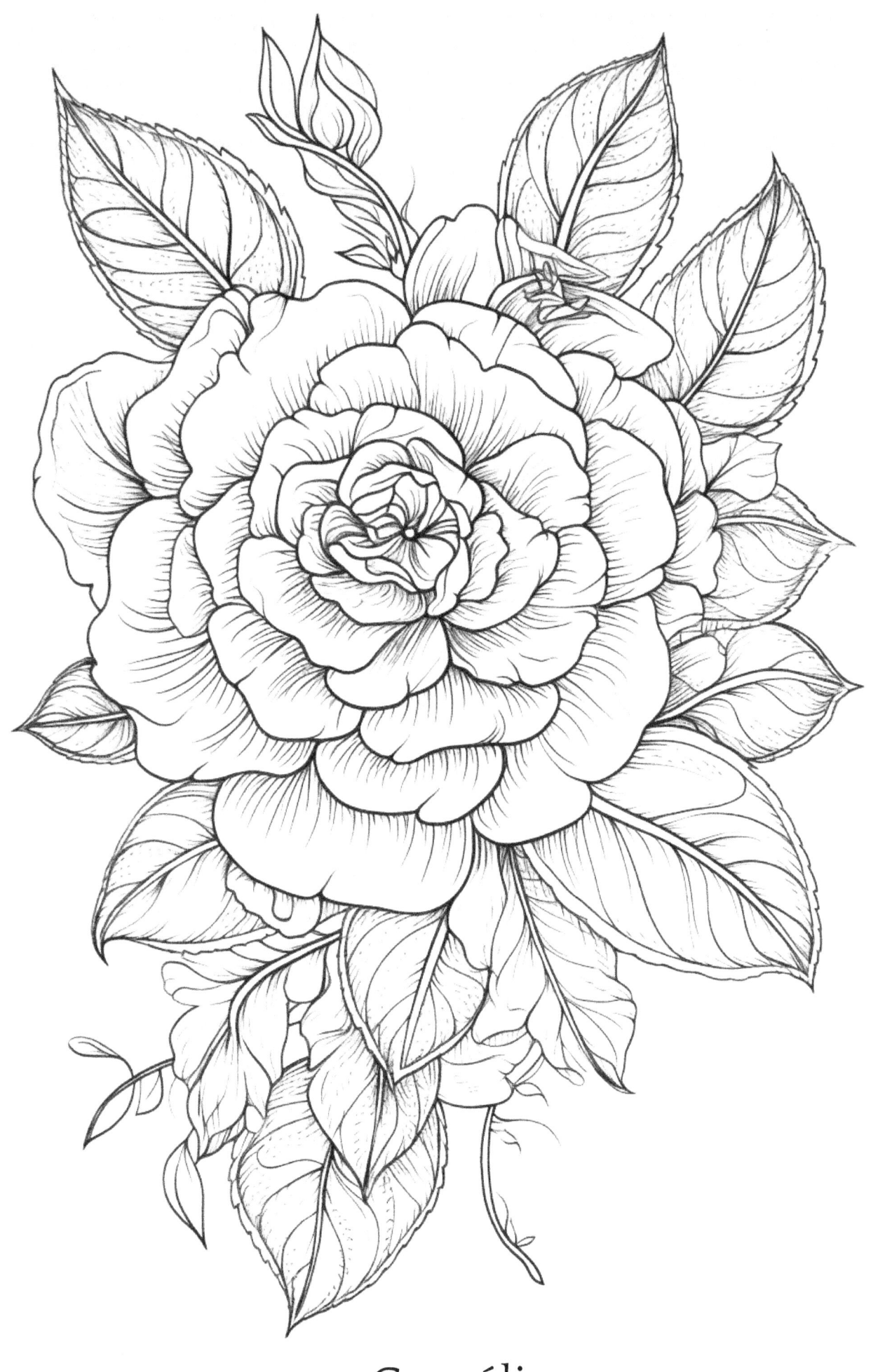

Camélia

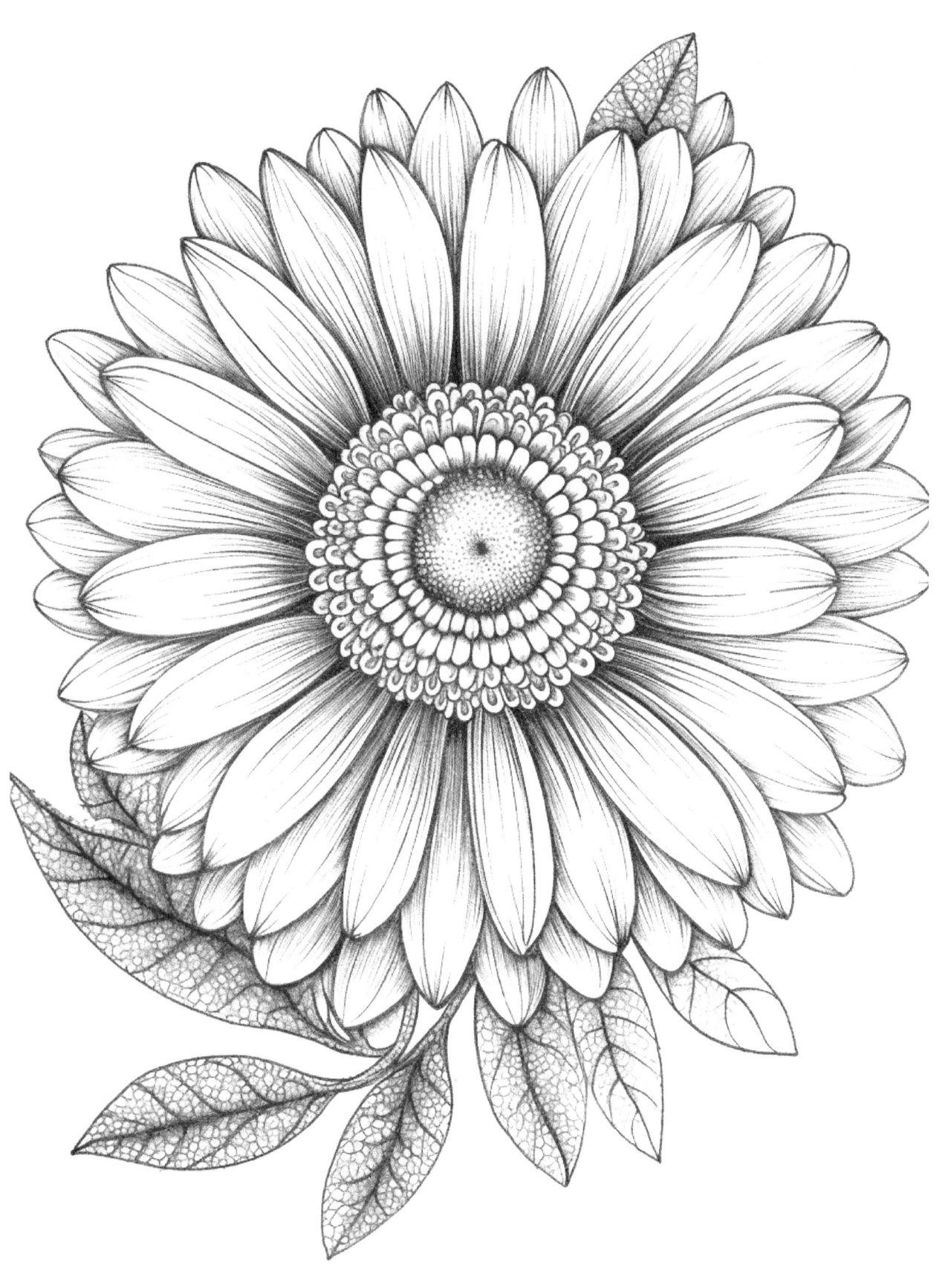

Calendula

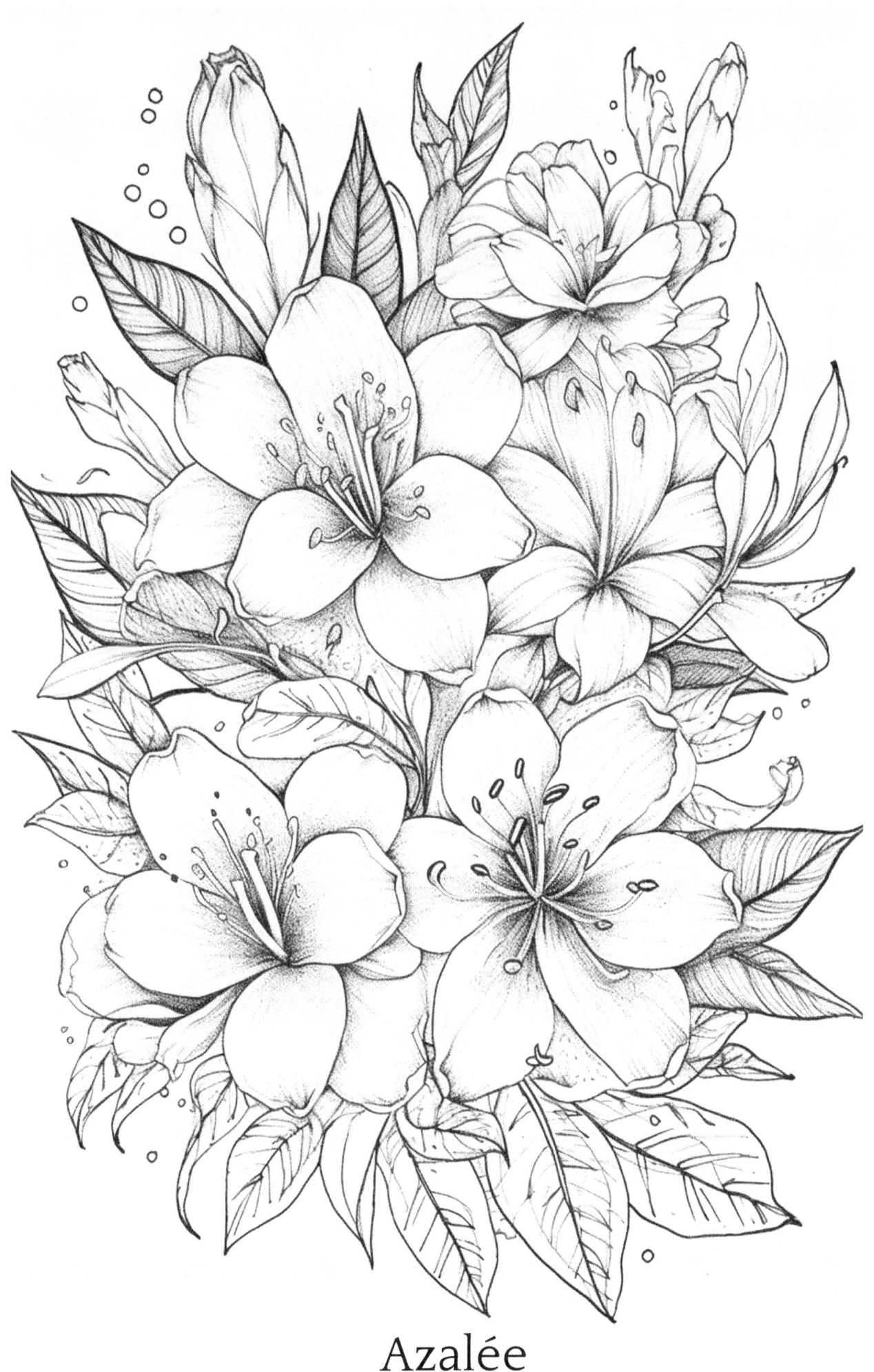

Azalée

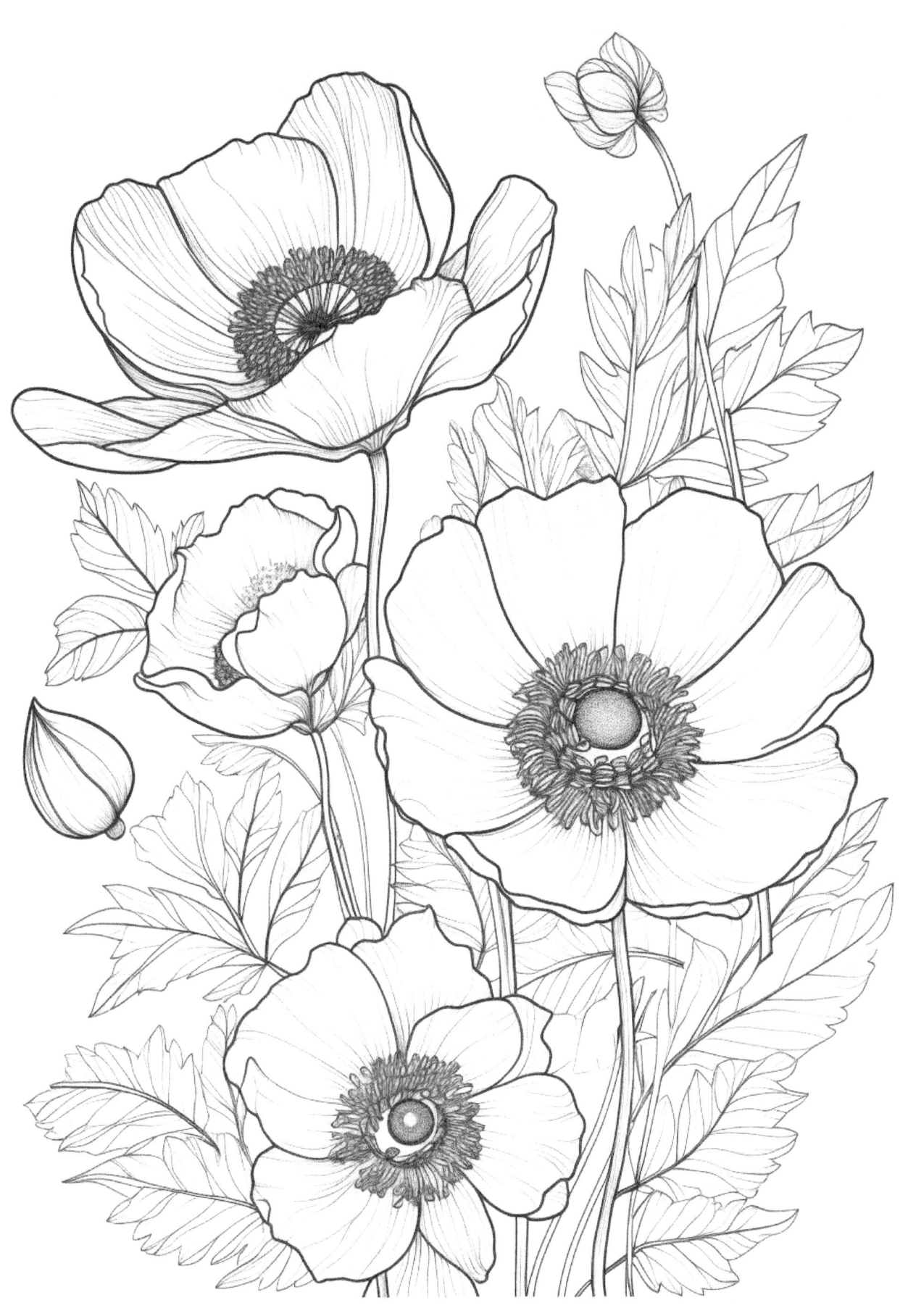

Anémone

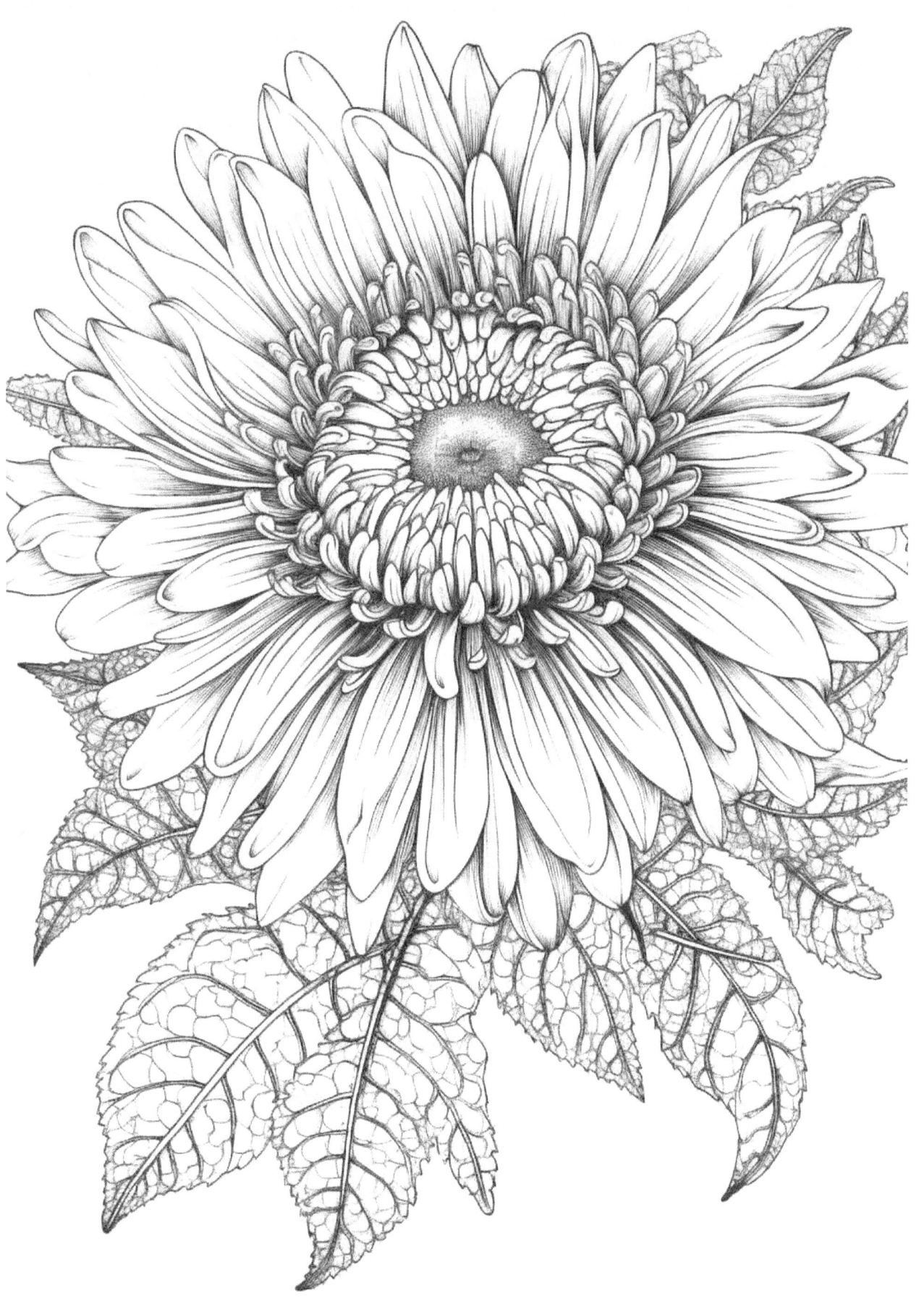

Aster